AF453667

RECHERCHES

SUR LES DROITS SUCCESSIFS

DES

ENFANTS NATURELS

Lyon. — Imp. Aimé Vingtrinier.

RECHERCHES

SUR LES

DROITS SUCCESSIFS

DES

ENFANTS NATURELS

PAR

LOUIS GROS

Juge chargé des ordres au Tribunal civil de Lyon

PARIS

LIBRAIRIE A. MARESCQ, AINÉ, ÉDITEUR

17, rue Soufflot, 17.

1875

La préparation d'une thèse de doctorat m'a conduit à résoudre d'une manière simple et exacte des questions assez compliquées sur les droits des enfants naturels. J'ai traité cette matière dans une dissertation que M. Valette a bien voulu admettre dans la REVUE DE DROIT FRANÇAIS ET ÉTRANGER (premier vol., année 1844), puis dans un opuscule qui a paru en 1849.

Le vieux magistrat veut reprendre les idées du jeune avocat, pour les présenter sous une forme plus saisissable que celle qu'il leur a donnée deux fois.

Ce nouveau travail est divisé en deux parties : textes et notes. Le texte contient, sur chaque question, la solution proposée et une brève discussion des solutions admises par la jurisprudence ou par les auteurs.

Les notes renferment une discussion plus étendue, des calculs plus développés, des considérations accessoires.

Les calculs sont l'objet principal de cet écrit ; et leur exactitude sera vérifiée de plusieurs manières. L'histoire, la philosophie du droit sont peu importantes dans cette matière ; ce qui est utile, ce sont des nombres auxquels on puisse s'arrêter avec certitude (Note A).

Je n'ai point l'intention de traiter toutes les questions qui peuvent être soulevées au sujet des droits de l'enfant naturel. Je ne suis qu'un modeste calculateur et les chiffres attirent surtout mon attention. Je me crois compétent : car les bases de la discussion sont d'une nature toute spéciale. Il ne s'agit ni de faire de profondes recherches sur le droit ancien, ni de concilier des textes nombreux, ni de prévoir les conséquences éloignées d'une doctrine à établir. Non : le droit ancien est sans importance ; les textes sont en petit nombre, les résultats n'entraînent que des différences assez faibles. Il faut choisir minutieusement le point de départ d'un calcul, suivre une opération dans tous ses détails, puis apprécier les nombres obtenus. Or ceci exige non de la science, mais seulement du temps et une application patiente. Les jurisconsultes dont l'opinion fait autorité peuvent rarement trouver assez de loisir pour descendre dans toutes ces petites combinaisons. En outre, l'instrument nécessaire pour généraliser les résultats a presque toujours cessé de leur être familier.

Je dois encore remercier l'éminent M. Valette qui a bien voulu témoigner que mes idées lui paraissaient dignes d'attention, et les citer dans son cours aux élèves qui sont venus après moi. Le but de ce petit ouvrage est de prouver que ce n'est pas une erreur qu'il leur a signalée.

SOMMAIRE

CONSIDÉRATIONS GÉNÉRALES.

1. — But principal de l'opuscule.

2. — Nature du droit de l'enfant naturel.

PREMIÈRE HYPOTHÈSE

Un enfant légitime et un enfant naturel.

3. — La part de l'enfant légitime est quintuple de celle de l'enfant naturel.

4. — Si l'enfant légitime et l'enfant naturel sont réduits à leurs réserves, la part du premier doit encore être quintuple de celle du second.

5. — Raisonnement qui justifie cette solution.

6. — Exemple d'un raisonnement semblable tiré du *Digeste*.

7. — Régularité du résultat obtenu.

8. — Discussion d'un arrêt de la Cour de cassation qui n'accorde dans la réserve à l'enfant légitime qu'une part quadruple de celle de l'enfant naturel.

9. — Motifs de la Cour de cassation.

10. — Réfutation de ces motifs.

11. — Opinion de M. Demolombe et de M. Beau-temps-Beaupré sur cette question.

SECONDE HYPOTHÈSE

Deux enfants légitimes et un enfant naturel.

12. — Chaque enfant légitime a une part qua-druple de celle de l'enfant naturel.

13. — Il doit en être de même dans la réserve.

14. — Les auteurs ont eu une opinion différente.

TROISIÈME HYPOTHÈSE

Trois enfants légitimes ou un plus grand nombre, en concours avec un enfant naturel.

15. — Toute difficulté cesse.

QUATRIÈME HYPOTHÈSE

Un enfant légitime en concours avec deux enfants naturels ou un plus grand nombre.

16. — L'enfant légitime doit avoir une part quin-tuple de celle de chaque enfant naturel.

17. — Il doit en être de même dans le partage de la réserve qui ne peut être de plus des trois quarts de la succession.

18. — L'article 757 peut être appliqué textuelle-ment de deux manières.

19. — Seconde démonstration de la solution proposée.

20. — Troisième démonstration.

21. — L'opinion proposée doit se nommer SYSTÈME DE RÉPARTITION.

22. — Opinion admise par les auteurs.

23. — Réfutation de cette opinion.

24. — Réfutation d'une objection faite contre le système de répartition.

25. — Système de M. Cournot.

CINQUIÈME HYPOTHÈSE

Deux enfants légitimes en concours avec deux enfants naturels
ou un plus grand nombre.

26. — Chaque enfant légitime doit avoir une part quadruple de celle d'un enfant naturel.

27. — Il doit en être de même dans la réserve.

SIXIÈME HYPOTHÈSE

Trois enfants légitimes ou un plus grand nombre en concours avec un
nombre indéterminé d'enfants naturels.

28. — Formule générale pour déterminer les parts des enfants tant naturels que légitimes.

SEPTIÈME HYPOTHESE

Des frères et sœurs et concours avec un ou plusieurs enfants naturels.

29. — Les enfants naturels quel que soit leur nombre ont une moitié de la succession.

30. — La moitié, les deux tiers ou les trois quarts de leurs parts forment une réserve.

HUITIÈME HYPOTHÈSE

Le père et la mère, des frères et sœurs, en concours avec
des enfants naturels.

31. — Les frères et sœurs n'ont pas droit à la succession.

32. — Si le père et la mère et l'enfant naturel sont réduits à leurs réserves, il y a lieu de faire une répartition.

33. — Trois systèmes ont été présentés.

34. — Réfutation du premier système soutenu par beaucoup d'auteurs.

35. — Réfutation du système de M. Richefort et de MM. Aubry et Rau.

36. — Réfutation du système de la cour d'Amiens.

NEUVIÈME HYPOTHÈSE

Un ascendant dans une ligne, de simples collatéraux dans l'autre,
en concours avec des enfants naturels.

37. — Le droit de l'enfant naturel ne doit pas être réglé sur deux bases différentes.

DIXIÈME HYPOTHÈSE

Les enfants naturels en concours avec des parents non-réservataires
ou même venant à défaut de parents.

38. — Ces différents cas ne présentent pas de difficulté.

RECHERCHES

SUR

LES DROITS SUCCESSIFS

DES ENFANTS NATURELS

CONSIDÉRATIONS GÉNÉRALES

1. — Les premiers interprètes du Code civil ont supposé un faux principe, pour résoudre les questions relatives aux droits des enfants naturels.

Ils en ont tiré des conséquences nombreuses.

Le principe a été reconnu faux ; il est abandonné par tous les auteurs de notre temps.

Mais les conséquences sont restées comme une tradition.

Le faux principe que je n'ai plus à combattre présentait le droit de l'enfant naturel comme devant être prélevé sur la succession. On l'a d'abord appelé *dette*, puis ensuite *délibation* ; le résultat était toujours le même; l'enfant naturel prélevait sa part, et le reste de la succession se partageait entre les héritiers légitimes.

Je propose de substituer à ce faux principe une idée simple et équitable.

Le droit de l'enfant naturel sera fixé d'après les dispositions de la loi; celui des parents légitimes sera également déterminé; puis, si la succession ne suffit pas pour remplir tous ces droits, il y aura pour tous une réduction proportionnelle.

2. — L'enfant naturel n'est pas héritier; il est seulement successeur irrégulier; mais il vient en concours avec les héritiers; si les héritiers sont des enfants légitimes, leur nombre fait varier ce qu'il doit prendre. La disposition de l'art. 761 prouve que l'enfant naturel a, comme l'enfant légitime, un droit dont il ne peut être entièrement dépouillé.

Privé de la saisine, l'enfant naturel devra

demander la délivrance de sa part ; cette circonstance exceptée, il est impossible de trouver une différence dans la nature du droit de
l'enfant naturel et du droit de l'enfant légitime (Note. B).

PREMIÈRE HYPOTHÈSE

Un enfant légitime et un enfant naturel.

3. — L'art. 757 du Code civil accorde à l'enfant naturel le tiers de la portion héréditaire qu'il aurait eue s'il eût été légitime. On doit donc supposer un moment que l'enfant naturel est légitime ; sa part est déterminée ; puis, il n'en prend que le tiers : tout le reste appartient nécessairement à l'enfant légitime.

S'il y avait deux enfants légitimes, chacun aurait une moitié ; l'enfant naturel a donc le tiers d'une moitié, soit un sixième ; il reste à l'enfant légitime cinq sixièmes. La part de l'enfant légitime se trouve donc être quintuple de celle de l'enfant naturel.

Ce rapport de 5 à 1 résulte de l'application la plus simple du texte, et il est utile de le bien constater (Note C.).

4. — Des dispositions particulières ou une disposition universelle réduisent l'enfant légitime et l'enfant naturel à invoquer leur droit de réserve. Ils auront recours à l'art. 913 du Code civil, qui peut être traduit ainsi : « La quotité disponible est égale à la réserve d'un enfant légitime, lorsqu'il y a un, deux ou trois enfants légitimes ».

L'enfant légitime prenant une part égale à 5, la quotité disponible sera aussi de 5, et l'enfant naturel aura 1 ; ainsi, il faudra faire onze parties.

5. — Le raisonnement suivant justifie juridiquement cette solution : le concours d'un enfant légitime et d'un enfant naturel réduits à leurs réserves n'a pas été formellement prévu par le Code civil ; mais nous avons, d'une part, l'art. 757 qui attribue à l'enfant légitime une portion quintuple de celle de l'enfant naturel ; d'autre part, l'art. 913 qui rend la quotité disponible égale à la réserve de l'enfant légitime. En n'altérant pas ces rapports, nous aurons une solution exacte.

6. — Cette manière de procéder n'a rien de nouveau : on la trouve au digeste : *De heredibus instituendis*, fr. 47 § 1, Africain dit : « Un homme a institué ainsi ses héritiers : *que ma fille Titia soit mon héritière ; s'il me* *survient d'autres enfants pendant ma vie ou après ma mort, un ou plusieurs du sexe masculin seront héritiers pour les trois quarts, et du sexe féminin pour un quart.* Il naît un posthume, on demande pour quelle part il sera héritier ; le jurisconsulte répond que l'hérédité doit être divisée en sept parties : quatre pour la fille et trois pour le posthume ; car la fille est instituée pour l'*as* (pour la totalité) et le posthume pour les trois quarts. »

Ce texte indique qu'il faut s'attacher au rapport entre les parts indiquées. Titia prend 4, et le fils posthume 3, cela fait 7 ; s'il y avait encore une fille posthume, elle prendrait 1, total 8 ; les enfants posthumes auraient à eux deux autant que Titia. Si, au contraire, Titia n'eût été en concours qu'avec une fille posthume, on aurait fait 5 parties : 4 pour Titia et 1 pour la fille posthume.

J'agis de même dans la question que j'ai traitée n° 4, et cette même règle me donnera beaucoup de solutions simples et exactes (Note D).

7. — On admettra facilement, comme un axiome de bon sens, que la quotité disponible doit être prise proportionnellement sur la part de l'enfant légitime et sur celle de l'enfant naturel; il est impossible de trouver ou un texte, ou un argument de droit, ou des considérations morales pour faire peser la quotité disponible sur l'enfant légitime plus que sur l'enfant naturel : un partage proportionnel paraît de toute justice. C'est ce que l'on obtient par la solution proposée.

La succession étant de 66,000 fr., s'il n'y a pas de dispositions qui fassent calculer la réserve, l'enfant légitime a 55,000 fr. pour ses cinq sixièmes, et l'enfant naturel 11,000 fr. pour son sixième.

Mais survient un légataire universel; l'enfant légitime n'a plus que 30,000 fr. pour cinq onzièmes, et l'enfant naturel, 6,000 fr. pour un onzième; l'enfant légitime relâche 25,000 fr., et l'enfant naturel, 5,000. Ainsi, on voit toujours le rapport de 1 à 5 entre ce que les deux enfants avaient primitivement, comme entre ce qu'ils perdent, et entre ce qui leur reste.

8. — Si les motifs qui précèdent s'étaient présentés à l'esprit des premiers interprètes du

Code civil, si, dès le principe, la réserve de l'enfant naturel en concours avec un enfant légitime avait été fixée à un *onzième*, aucune discussion ne serait possible.

Mais un arrêt de la Cour de cassation du 26 juin 1809 a jugé que cette réserve est d'un *neuvième*. Avant d'examiner les motifs, apprécions le résultat.

Une succession s'élève à 18,000 fr. ; aucune disposition connue n'oblige à calculer les réserves ; l'enfant légitime prend 15,000 fr. pour ses cinq sixièmes, et l'enfant naturel, 3,000 fr.

Bientôt un testament est découvert ; les deux enfants sont réduits à leurs réserves : l'enfant légitime n'aura plus que 8,000 fr. ; mais l'enfant naturel conservera 2,000 fr. L'enfant légitime perdra presque la moitié de sa part, et l'enfant naturel ne perdra qu'un tiers de la sienne.

Les parts de l'enfant naturel et de l'enfant légitime dans la succession entière étaient dans le rapport de 1 à 5 ; ce qu'ils relâchent pour composer la quotité disponible présenet le rapport de 1 à 7 ; enfin, leurs réserves restent dans le rapport de 1 à 4 (Note E).

9. — Il faut de bien fortes raisons pour admettre de pareilles conséquences. Voici celles que donne la Cour de cassation :

« Vu les art. 751 et 913 du Code civil, et attendu que par les dispositions combinées de ces deux articles du Code, le législateur, en circonscrivant dans de justes limites les droits de l'enfant naturel sur les biens de ses père et mère, a voulu leur donner en même temps une base assurée qui fût indépendante de tout arbitraire, une base de laquelle il pût résulter, dans tous les cas, une valeur proportionnelle à la quotité disponible ou indisponible des biens délaissés par les père et mère de l'enfant naturel, de manière que si, d'un côté, toute prétention exagérée était désormais condamnée au silence, il ne fût pas permis, d'un autre côté, de méconnaître la juste mesure des obligations naturelles qu'impose la paternité ; que ces principes sont consacrés de la manière la plus formelle par la règle tracée par l'art. 757 ;

« Que pour exécuter cette disposition de la loi dans l'intérêt de l'enfant naturel, et pour composer la portion héréditaire dont il doit avoir le tiers, il faut nécessairement l'admettre momentanément au nombre des enfants légitimes, et le faire concourir figurativement avec eux ; de manière que, s'il n'existe qu'un enfant légitime, il doit être procédé comme s'il y en avait deux ; et s'il en existe deux, comme s'il y en avait trois, etc. ; car tel eût été le nombre des légitimaires qui auraient concouru à la fixation de la portion héréditaire, si l'enfant naturel eût été légitime : ce serait évidemment y contrevenir que d'opérer d'une autre manière.

« Que par l'effet d'une telle contravention, on porterait une atteinte manifeste aux droits de l'enfant naturel, puisqu'en diminuant le nombre des enfants légitimes, ou réputés tels, à l'effet de fixer la portion héréditaire, on diminuerait pareillement la quotité de bien non disponible, sur laquelle doit être prise cette portion héréditaire dont le tout appartient à l'enfant naturel. »

10. — Deux observations suffisent pour combattre les motifs de cet arrêt :

1° L'enfant naturel doit avoir *une valeur proportionnelle à la quotité disponible ou indisponible*.

Par le procédé qu'indique la Cour de cassation, on ne parvient pas à établir *une proportion*. Car une proportion est l'égalité de deux rapports. Quand on partage la succession entière, je trouve le rapport de 1 à 5 entre la part de l'enfant naturel (3,000 fr.) et la part de l'enfant légitime (15,000 fr.) ; au contraire, dans le partage de la réserve, je trouve le rapport de 1 à 4 entre la part de l'enfant naturel (2,000 fr.) et celle de l'enfant légitime (8,000 fr.)

Veut-on comparer ce que prend l'enfant naturel avec la succession totale et avec la somme de la réserve ? on trouve qu'il prend un sixième de la succession et un cinquième de la réserve.

2° Cette inégalité de rapport provient de ce que, pour partager la réserve, on commence par la supposer plus grande qu'elle n'est en définitive ; on la porte à deux tiers (12,000 fr.), et l'on n'a, tout compte fait, que cinq neuvièmes (10,000 fr.)

C'est pour l'enfant naturel seul que cette supposition est faite ; c'est à lui seul qu'elle profite. Par conséquent elle nuit soit à l'enfant légitime, soit à celui qui a droit à la quotité disponible.

Quand on partage la succession entière, on ne la suppose pas plus grande qu'elle n'est ; pourquoi exagérerait-on la réserve avant de la partager ?

La Cour de Pau, dont l'arrêt a été cassé, avait fait le raisonnement suivant :

Il n'y a qu'un enfant légitime ; l'article 913 du Code civil fixe, dans ce cas, la réserve à une moitié ; l'enfant naturel a droit à un sixième de cette moitié, soit à un douzième.

Ce raisonnement péchait en sens contraire de celui de la Cour de cassation ; il supposait une réserve trop faible.

Il n'y a ni un enfant légitime, ni deux enfants légitimes ; nous sommes en présence d'un enfant légitime et d'un enfant naturel, l'enfant naturel ayant des droits bien moindres que l'enfant légitime, la supposition de deux enfants légitimes s'éloigne de la vérité plus que la supposition d'un seul enfant légitime.

Avec deux enfants légitimes, la Cour de cassation a trouvé un neuvième pour la réserve d'un enfant naturel ; avec un seul enfant légitime, la Cour de Pau trouvait seulement un douzième; la vérité doit se placer entre ces deux fractions, et plus près d'un douzième que d'un neuvième : un onzième répond parfaitement à ces indications.

Pour évaluer facilement ces nombres, il faut supposer que la succession vaut 396,000 fr.

Le neuvième, fixé par la Cour de cassation,
sera de . . . . 44,000 fr.
Le onzième, que je propose, de   36,000
Le douzième, suivant la Cour
de Pau, de 33,000

11. — Les auteurs très-nombreux qui ont commenté le Code civil ont-ils donné des raisons meilleures que celles que je viens d'examiner, pour attribuer un neuvième à l'enfant naturel ?

Prenons M. Demolombe, dont l'autorité est si grande. Voici le numéro 153 du volume II du traité *Des Donations et testaments.*

« Il était facile de reconnaître que le même procédé qui avait servi à établir la réserve au profit de l'enfant naturel, devait aussi servir à en déterminer la quotité.

« Dès là, en effet, que l'on concluait de la

combinaison des articles 757, 913 et 915 que l'enfant naturel doit être traité, dans la portion réservée de la succession, comme dans la succession totale, c'est-à-dire qu'il doit avoir, dans l'une comme dans l'autre, une certaine quotité de la portion héréditaire qu'il aurait eue s'il avait été légitime, il était logique aussi d'en conclure que sa part, dans la portion réservée, doit être, comparativement et proportionnellement, égale à sa part dans la succession totale.

« Ce qui revient à dire que, pour calculer la réserve de l'enfant naturel, il faut, de même que pour calculer sa portion héréditaire, le considérer d'abord fictivement comme un enfant légitime, et déterminer quelle serait, dans cette supposition, la réserve qui lui appartiendrait.

« Et sa réserve sera, suivant les cas, du tiers, de la moitié, des trois quarts, ou de la totalité de cette part.

« En un mot, de même que la portion héréditaire sert de base et de type à la portion héréditaire de l'enfant naturel ;

« De même la réserve de l'un sert de base et de type à la réserve de l'autre. »

« 154. — Le défunt, par exemple, a laissé un enfant légitime et un enfant naturel.

« Quelle serait alors la quotité de la réserve de l'enfant naturel, s'il était légitime ?

« Du tiers (913).

« La quotité de sa réserve, comme enfant naturel, sera donc du tiers du tiers, c'est-à-dire d'un neuvième. »

Ce raisonnement a le tort d'être trop général ; il est incontestable lorsque l'enfant naturel est seul pour réclamer une réserve, mais lorsqu'il y a d'autres réservataires, ils ont le droit de dire : en calculant la réserve, tenez compte de celle qui nous revient à nous-mêmes. Celui à qui revient la quotité disponible a aussi le même intérêt, pour ne pas être écrasé par le cumul de deux réserves.

M. Demolombe paraît avoir touché le vrai principe quand il dit : *La portion réservée doit être comparativement et proportionnellement égale à sa part dans la succession totale.* La conclusion rigoureuse devrait être que l'enfant naturel ne peut avoir, dans la réserve, qu'un cinquième de la part de l'enfant légitime, puisqu'il n'a qu'un cinquième de la succession totale. Mais le pli est pris ; il est difficile de rompre avec les habitudes anciennes dérivées des idées de prélèvement, de *délibation* de la part de l'enfant naturel.

On a encore dit : le partage se trouve fait comme s'il y avait deux enfants légitimes et un enfant naturel. Cette raison paraît décisive à M. Beautemps-Beaupré (*De la portion dispodisponible et de la réduction,* vol. I, n° 229). Mais, selon moi, elle n'a pas une grande force. L'enfant légitime répondrait : à la vérité, ma part serait seulement quadruple de celle de l'enfant naturel, si nous étions deux enfants légitimes ; mais je suis seul, et dans ce cas j'ai droit, dans la succession, à une part quintuple de celle de l'enfant naturel ; pourquoi n'en serait-il pas ainsi à l'égard de la réserve ? Ce serait faire porter sur moi la charge des legs pour une part relativement plus forte que sur l'enfant naturel ; ce serait de l'arbitraire pour une assimilation peu utile (Note F).

SECONDE HYPOTHÈSE

Deux enfants légitimes et un enfant naturel.

12. — S'il y avait trois enfants légitimes, chacun aurait un tiers de la succession. L'enfant naturel, qui concourt avec deux enfants légitimes, ne doit donc avoir qu'un neuvième. Les huit neuvièmes seront partagés entre les deux enfants légitimes, ainsi chacun aura une part quadruple de celle de l'enfant naturel. Notons bien ce rapport de 1 à 4 entre la part ·d'un enfant naturel et celle d'un enfant légitime; il est la conséquence directe et indiscutable de l'article 757 du Code civil.

13. — Un legs universel ou des dispositions particulières réduisent les trois enfants à invoquer leur droit de réserve.

Le calcul est très-simple. La quotité disponible doit être, d'après l'article 913, égale à la part d'un enfant légitime.

Chaque part d'enfant légitime est représentée par 4; prenons donc 4 pour la quotité disponible ; nous avons déjà 4 pour chaque enfant légitime, en ajoutant 1 pour l'enfant naturel, le total sera 13. La succession se divisera en treize parties.

14. — Cette solution n'est point celle que les auteurs admettent unanimement. Ils disent : Si l'enfant naturel était légitime, il y aurait trois enfants légitimes ; la réserve serait des trois quarts ; chaque enfant légitime aurait un quart ; l'enfant naturel prendra donc le tiers d'un quart, soit un douzième.

On peut répondre ce qui a déjà été dit sur la première hypothèse :

1° L'article 757 ne permet pas de supposer que l'enfant naturel est légitime, quand il s'agit dc calculer sa réserve.

2° En fixant provisoirement à trois quarts la masse des réserves, on fait une supposition qui ne profite qu'à l'enfant naturel et qui nuit aux enfants légitimes et au légataire universel.

3° Le rapport entre la part de l'enfant naturel et celle d'un enfant légitime était celui de 1 à 4 ; il devient, pour la réserve, celui de 1 à 3 2/3, et avec ce changement, on peut trouver des résultats très-peu logiques.

Il faudrait porter l'actif de la succession à 156,000 fr. pour obtenir une différence de 1,000 fr, entre un douzième et un treizième.

TROISIÈME HYPOTHÈSE

**Trois enfants légitimes ou un plus grand nombre
en concours avec un enfant naturel.**

15. — Ici toute difficulté cesse : il n'est
pas possible de supposer, provisoirement et
dans l'intérêt exclusif de l'enfant naturel, que
la réserve est supérieure à trois quarts.

On partage donc de la même manière la
succession entière et les trois quarts réservés.

S'il y a trois enfants légitimes, l'enfant naturel prend :

$$\text{Dans la succession.} \ldots \ldots \quad \frac{1}{12}$$
$$\text{S'il y en a 4.} \ldots \ldots \ldots \quad \frac{1}{15}$$
$$\text{S'il y en a 5.} \ldots \ldots \ldots \quad \frac{1}{18}$$
$$\text{S'il y en a 6.} \ldots \ldots \ldots \quad \frac{1}{21}$$

Pour avoir la réserve, il faut multiplier cha-
cune de ces fractions par $\frac{3}{4}$, et l'on obtient :

$$\frac{1}{16} \ , \ \frac{1}{20} \ , \ \frac{1}{24} \ , \ \frac{1}{28}.$$

QUATRIÈME HYPOTHESE

**Un enfant légitime en concours avec deux enfants
naturels ou un plus grand nombre.**

16. — L'art. 757 du Code civil ne parle de
l'enfant naturel qu'au singulier. Dans les tra-
vaux préparatoires du Code, les législateurs ne
paraissent pas s'être occupés du cas où plusieurs enfants naturels concourent avec les
enfants légitimes. Nous rencontrons donc une
hypothèse qui n'est point prévue par la loi.

Un enfant légitime se trouve en présence de
deux enfants naturels ; quand il n'y en a qu'un,
l'enfant légitime prend cinq sixièmes et l'enfant naturel un sixième ; mais que faire, quand
il y en a deux ?

Ouvrons le *Digeste*, la raison écrite ; consul-
tons Julien, Africain et Paul ; demandons-leur
ce qu'ils feraient en pareil cas. Ils nous répon-

dront d'une seule voix : Faites une part de plus.

Ces parts ne s'appelleront pas des *sixièmes,* mais bien des *septièmes*.

L'enfant légitime aura une part quintuple de celle de chaque enfant naturel ; ainsi la part nouvelle se trouve prélevée proportionnellement sur ce qui était attribué, en premier lieu, à l'enfant légitime et à un seul enfant naturel.

Suppose-t-on un, deux, trois enfants naturel de plus ? on fera encore une portion de plus : la part d'un seul enfant naturel se trouvera donc toujours déterminée de la manière la plus simple :

S'il n'y en a qu'un, il prend un sixième ;
S'il y en a deux,   —   un septième ;
S'il y en a trois,   —   un huitième ;
S'il y en a quatre, —   un neuvième ;

Il est inutile d'aller plus loin ; on ferait un tableau sans calcul et au courant de la plume.

17. — Si les enfants sont réduits à invoquer leur droit de réserve, le calcul est toujours aussi simple.

La part d'un enfant légitime étant représentée par 5, nous représenterons aussi par 5 la quotité disponible et par 1 la part de chaque enfant naturel.

Quand il n'y avait qu'un enfant naturel, nous lui donnions un onzième ; quand il y en aura deux, chacun aura un douzième ; s'il y en a trois, ce sera un treizième ; quatre, un quatorzième ; cinq, un quinzième.

Enfin, si l'on arrivait à en avoir dix (cette supposition me paraît bien impossible,) ces dix enfants naturels auraient entre eux tous une moitié de la succession ; la réserve serait épuisée.

Si l'on veut admettre un onzième, un douzième enfant naturel, il faut prélever un quart pour la réserve, et distribuer les trois autres quarts entre l'enfant légitime et les onze, douze enfants naturels, l'enfant légitime prenant cinq parts et chaque enfant naturel une.

Pour onze enfants naturels, on diviserait les trois quarts en seize parties. Chaque enfant naturel aurait un seizième des trois quarts, soit

$\frac{3}{64}$, ce qui fait pour les onze $\frac{33}{64}$. L'enfant légitime aurait $\frac{45}{64}$.

Mais, je le répète, ces suppositions sont tout à fait chimériques ; on peut rencontrer dans la pratique deux et même trois enfants naturels. Mais quand il y a une succession à partager, on n'a plus ce grand nombre d'enfants naturels qu'il est si facile de faire figurer sur le papier (Note G).

18. — La solution que je propose n'exige aucun calcul, en supposant que l'art. 757 n'a pas prévu l'existence de plusieurs enfants naturels.

Il est bien remarquable que l'on retrouve la même solution, en admettant que l'art. 757 doit s'appliquer littéralement aux hypothèses qui présentent plusieurs enfants naturels.

Des auteurs ont fait remarquer que, dans beaucoup de circonstances, le législateur emploie le singulier pour comprendre aussi le pluriel. Est-ce bien admissible dans cette circonstance ?

En répondant par l'affirmative, une question grave se rencontre tout de suite :

Faut-il admettre comme légitimes tous les enfants naturels en même temps?

Ou faut-il provisoirement ne donner cette qualité qu'à un seul?

Discutons successivement ces deux manières de procéder.

19. — Tous les enfants naturels sont supposés légitimes en même temps. Je fais autant de parts qu'il y a d'enfants. Chaque enfant naturel a droit au tiers d'une de ces parts ; mais en outre il peut dire : si j'étais légitime, je prendrais une part dans ce que l'on ôte aux autres enfants naturels, je dois en avoir le tiers. On ne peut repousser cette prétention qu'en violant expressément l'art. 757.

Il faut donc un nouveau partage. Sur quoi portera-t-il? Ce n'est pas sur tout ce qui est enlevé aux enfants naturels ; car il est évident que l'on ne doit pas donner part à un enfant naturel sur ce qu'on lui enlève à lui-même ; il n'a droit qu'à ce qui est retenu aux autres. Pour mettre cette remarque à exécution, il suffira d'attribuer à l'enfant légitime la somme distraite de la part d'un seul enfant naturel; cette valeur représentera à l'égard de chacun d'eux ce qui lui est retranché.

On aura donc un second partage à faire, puis un troisième, puis un quatrième... L'opération paraîtrait sans fin. Prenons un exemple et nous verrons qu'elle n'est point longue.

Un enfant légitime et trois enfants naturels doivent se partager une succession de 72,000 fr.

Le quart pour chacun des quatre enfants est de 18,000 fr., chacun des enfants naturels ne garde que le tiers de cette part, soit 6,000 et pour les trois 18,000, il est enlevé 12,000 fr. à chacun d'eux. Réunissons une de ces sommes de 12,000 fr. à ce que perd l'enfant légitime : nous aurons ainsi fait un premier partage qui donne 30,000 fr. à l'enfant légitime, 6000 fr. à chaque enfant naturel, et qui laisse 24,000 fr. pour un partage nouveau.

Le tableau suivant donne les résultats de ces partages successifs. Dans la première colonne se trouve la somme à partager ; dans la seconde, la part de l'enfant légitime ; et dans la troisième, les parts des trois enfants naturels.

	fr.	c.		fr.	c.	fr.	e.
1ᵉʳ partage	72,000	00	{	18,000	00	18,000	00
				12,000	00		
2ᵉ partage	24,000	00	{	6,000	00	6,000	00
				4,000	00		
3ᵉ partage	8,000	00	{	2,000	00	2,000	00
				1,333	33		
4ᵉ partage	2,666	67	{	666	67	666	67
				444	44		
5ᵉ partage	888	89	{	222	22	222	22
				148	15		
6ᵉ partage	296	30	{	74	07	74	07
				49	38		
7ᵉ partage	98	77	{	24	69	24	69
				16	49		
8ᵉ partage	32	92	{	8	23	8	23
				5	49		
9ᵉ partage	10	97	{	2	74	2	74
				1	83		
10ᵉ partage	3	66	{	0	91	0	91
				0	61		
				44,999	25	26,999	53

Après dix opérations, on n'a plus que
1 fr. 22 c. à distribuer. Il est évident que le
résultat définitif est 45,000 fr. pour l'enfant
légitime, et 27,000 pour les trois enfants naturels.

L'enfant légitime a une part quintuple de
celle de chaque enfant naturel. C'est donc
exactement la solution déjà obtenue, en admettant que l'art. 757 ne s'applique pas au cas
où il y a plusieurs enfants naturels (Note H).

20. — Un seul enfant naturel est supposé

avoir la qualité de légitime dans les opérations préparatoires. Que faire provisoirement des autres enfants naturels ? Il faut leur attribuer des parts provisoires. Mais, si elles sont très-petites, on favorisera les enfants naturels, car les parts définitives seront calculées sur une masse trop forte. Le résultat sera en sens contraire si les parts provisoires sont trop fortes. Pour être dans la stricte justice, il faudrait donc que les parts provisoires fussent égales aux parts définitives. Mais on ne connaît pas ces parts ; on croirait donc être enfermé dans un cercle vicieux.

On en sort au moyen d'une équation du premier degré à une seule inconnue ; ce qui est bien simple.

Donnons ici un exemple numérique ; une succession de 72,000 fr. est dévolue à un enfant légitime et à trois enfants naturels.

Attribuons à deux enfants naturels les parts que j'ai indiquées : $\frac{1}{8}$, soit 9,000 fr.; ils prendront à eux deux 18,000 fr. ; il en restera 54,000 pour l'enfant légitime et un seul enfant naturel.

L'enfant légitime doit avoir cinq sixièmes,

45,000 fr. et l'enfant naturel un sixième, 9,000 fr.

C'est ce que nous avons déjà trouvé par deux voies différentes (Note I).

21. — J'ai cru devoir donner le nom de système de répartition à l'opinion que j'ai proposée. On procède en effet comme s'il y avait un actif insuffisant pour satisfaire toutes les prétentions.

Un enfant légitime et deux enfants naturels ont à partager 42,000 fr.

Faisons le partage entre l'enfant légitime et un seul enfant naturel.

L'enfant légitime a 35,000 fr. et l'enfant naturel 7,000 ; mais survient le second enfant naturel, qui aurait droit aussi à 7,000 fr. Comme il n'y a pas 49,000 fr. dans la succession, on fait des réductions proportionnelles, c'est-à-dire une *répartition*, et l'on a 30,000 fr. pour l'enfant légitime et 6,000 fr. pour chaque enfant naturel.

22. — Cette idée si simple ne s'est point présentée à l'esprit de ceux qui ont les premiers commenté le Code civil. Dominés par l'opinion préconçue que le droit de l'enfant naturel est une dette ou au moins une délibation de la succession, ils ont fait leurs calculs dans cette supposition. Prélever la part de l'enfant naturel paraissait la chose la plus importante.

On a donc supposé légitimes tous les enfants naturels en même temps ; on leur a attribué provisoirement une part égale à celle de l'enfant légitime, et définitivement on ne leur en a laissé que le tiers.

L'enfant légitime a sa part entière, plus les deux tiers des parts enlevées à chacun des enfants naturels.

Revenons à l'hypothèse déjà discutée : une succession de 72,000 fr. doit être partagée entre un enfant légitime et trois enfants naturels.

Comme il y a quatre enfants, on fera des douzièmes : chaque enfant naturel en aura un, soit 6,000 fr., et il restera 54,000 fr. pour l'enfant légitime.

23. — Ce règlement viole de la manière la plus formelle l'art. 757. Chaque enfant naturel peut dire : si j'étais légitime je prendrais une part des 24,000 fr. enlevés aux deux autres

enfants naturels ; l'art. 757 me donne le droit
de prendre un tiers de cette part, et vous ne
me le donnez pas.

Je ne vois aucune réponse possible à cette
observation. Les solutions que j'ai combat-
tues en ce qui concerne la réserve étaient
trop favorables à l'enfant naturel. Ici, au contraire, je cherche à atténuer des conséquences
trop rigoureuses pour les enfants naturels.

Si l'on fait un premier partage entre un cer-
tain nombre d'enfants légitimes et naturels,
peu importe aux enfants naturels la qualité
d'un enfant qu'on ajouterait aux premiers co-
partageants.

Un enfant naturel leur nuit autant qu'un
enfant légitime ; cela me paraît contre toute
logique ; celui qui prend moins devrait enlever
moins (Note J) .

On appelle ce système système de la jurisprudence. Je ne trouve cependant aucun arrêt
qui l'ait consacré ; j'aime mieux l'appeler système de la pratique ; il présente en effet tous les
caractères d'un expédient comme chacun peut
en trouver, lorsqu'il est pressé d'obtenir une
solution et qu'il n'a pas le loisir d'examiner si

elle est satisfaisante sous tous les rapports.

24. — Ce système ne se soutient que par une objection faite à toutes les solutions proposées pour sauvegarder un peu les droits des enfants naturels.

Voici en quoi elle consiste ; on dit : Lorsque des enfants naturels, quelque nombreux qu'ils soient, concourent avec des ascendants ou des frères et sœurs de leur auteur, ils n'ont jamais que la moitié de la succession ; n'y a-t-il pas inconséquence à admettre que les enfants naturels puissent avoir une valeur plus grande lorsqu'ils concourent avec des enfants légitimes ?

La réponse à cette objection me paraît bien simple : l'inconséquence que l'on signale dérive bien plutôt de la loi elle-même que du système que l'on adopte.

Lorsque les enfants naturels concourent avec des enfants légitimes, on prend en considération le nombre des uns et des autres. Si les enfants naturels sont très-nombreux, ils peuvent arriver à prendre une partie considérable de la succession. Si les enfants légitimes, au contraire, sont très-nombreux, le droit des enfants naturels diminue rapidement.

Quand il y a un concours des enfants naturels avec les ascendants ou les frères et les sœurs, les choses se passent tout autrement : quel que soit le nombre des enfants naturels ou celui des frères et sœurs et des ascendants, le partage est toujours le même : une moitié pour la parenté légitime, une moitié pour la famille naturelle. Pourquoi donc s'étonner que, dans des cas très-rares ou plutôt impossibles, les enfants naturels souffrent moins de la présence des enfants légitimes que de celle des frères et des sœurs ou des ascendants ?

L'irrégularité que l'on signale est donc une des conséquences de la loi qui, dans cette matière, n'est pas toujours d'une logique bien rigoureuse.

Il faudrait supposer plus de cinq enfants naturels en concours avec un enfant légitime, pour que l'objection pût atteindre le système de répartition (Note K).

25. — En admettant que le texte de l'art. 757 s'applique au cas où il y a plusieurs enfants naturels, et en ne donnant provisoirement qu'à

un seul enfant naturel la qualité de légitime, on
arrive à un système assez logique, mais très-
subtil. M. Zachariæ indique un jurisconsulte
M. Unterholzener, comme en étant sinon l'auteur, au moins le défenseur. Je crois plutôt
devoir donner à ce système le nom de M. Cournot,
qui a indiqué dans le bulletin de Férussac,
t. XVI, p. 3, une formule pour les calculs.

Voici comment on raisonne. Je suppose qu'il
s'agisse de partager une succession de 324,000
francs entre un enfant légitime et trois enfants
naturels. On dira : si l'un des enfants naturels
était légitime, il y aurait deux enfants légitimes et deux enfants naturels. Si nous connais-
sions quelle est dans cette supposition la part
d'un enfant légitime, nous en prendrions le
tiers, et ce serait ce que doit avoir celui des
enfants naturels que l'on suppose légitime ;
mais nous ne connaissons pas ce qui revient
à un enfant légitime ; car l'hypothèse qui présente deux enfants légitimes et deux enfants
naturels contient encore la question qu'il s'agit
de résoudre.

Pour sortir de cette nouvelle difficulté, il
faut donc rechercher ce que devrait avoir un

enfant naturel dans cette dernière hypothèse.

On dira encore : si l'un de ces deux enfants naturels était légitime, il y aurait trois enfants légitimes et un enfant naturel, dans ce dernier cas il n'y a plus de difficultés ; nous sommes arrivés à une hypothèse où l'on peut directement appliquer le texte de l'art .757, quatre enfants légitimes auraient chacun le quart de 324,000 fr. c'est-à-dire 81,000 francs; celui qui est naturel n'en prendra que le tiers, 27,000 fr. ; et il restera 297,000 à partager entre les trois enfants légitimes, en sorte que chacun aurait 99,000 fr.

Or, sur ces trois enfants légitimes, il y en a un auquel on n'a donné cette qualité que provisoirement ; il ne doit prendre que le tiers de sa part, c'est-à-dire 33,000 ; l'autre enfant naturel doit prendre une part égale, ils auront donc ensemble 66,000 fr.

Il faut encore soustraire cette somme du total de la succession, pour avoir ce que l'on doit partager entre les deux enfants qui ont la qualité de légitime dans la première supposition : ce reste est de 258,000 fr.

Deux enfants légitimes se partageraient cette

somme par portions égales ; chacun aurait 129,000 fr. ; mais l'un de ces deux enfants est naturel, il ne doit avoir que le tiers de sa part, c'est-à-dire 43,000 fr.

Nous voici arrivés au résultat définitif, car les deux enfants naturels auxquels nous avons donné comme parts provisoires, d'abord 27,000 fr., puis 33,000 fr., ont autant de droit que leur frère. Les trois enfants naturels prendront trois fois 43,000 fr. soit 129,000 fr. et il restera à l'enfant légitime, 195,000 fr.

On voit quelle est la marche de ce système : par des transformations successives, il augmente le nombre des enfants légitimes et diminue celui des enfants naturels, jusqu'à ce qu'il n'y ait plus qu'un enfant de cette dernière qualité. Puis on fait des calculs par lesquels on remonte de degrés en degrés, depuis cette dernière hypothèse où la détermination de la part d'un enfant naturel est facile, jusqu'à celle qui a servi de point de départ.

Cette série de suppositions qui attribuent aux enfants naturels des parts de plus en plus fortes, manque de logique ; on arrive ainsi à un résultat qui doit être favorable à l'enfant naturel, car si les parts provisoires sont trop faibles, on aura une masse trop forte pour déterminer la part définitive de l'enfant naturel.

Si l'on applique à l'exemple précédent le système de répartition, on attribue à chaque enfant naturel un huitième de la somme de 324,000 fr. soit 40,500 fr.

Zachariœ et MM. Aubry et Rau réfutent ce système en disant : « Le vice de ce mode de supputation consiste en ce que chaque enfant naturel suppose, pour déterminer sa propre part, que celle de son frère naturel se trouve déjà fixée, tandis qu'elle ne l'est point encore, et finit par réclamer une part supérieure à celle qu'il attribue fictivement à ce dernier, quoique les enfants naturels aient tous des droits égaux. »

Veut-on éviter ce reproche ? on retrouve inévitablement le système de répartition (Note L).

CINQUIÈME HYPOTHÈSE

Deux enfants légitimes, en concours avec deux enfants naturels ou un plus grand nombre.

26. — Ainsi que nous l'avons vu, sur la seconde hypothèse, deux enfants légitimes, en concours avec un enfant naturel, prennent chacun une part quadruple de celle de l'enfant naturel; si l'on a un second enfant naturel, il faut lui faire une part égale à celle du premier et qui est toujours le quart de celle de l'enfant légitime.

Avec deux enfants naturels, les fractions seront des dixièmes; avec trois, des onzièmes; avec quatre des douzièmes.

Les enfants légitimes ont entre eux, deux huit parts.

27. — S'il y a un légataire universel et que les enfants soient réduits à la réserve, nous représenterons le droit du légataire universel par 4, chacun des enfants légitimes, prenant aussi 4 ; dès qu'il y aurait quatre enfants naturels, la quotité disponible ne pourrait plus diminuer.

Cinq enfants naturels auraient ainsi chacun un treizième des trois quarts, soit trois cinquante deuxièmes, pour les cinq $\frac{15}{52}$, les enfants légitimes en auraient chacun douze.

Trois enfants légitimes ou un plus grand nombre, en concours avec un nombre indéterminé d'enfants naturels.

28. — Nous nous reportons ici à ce qui a été dit sur la troisième hypothèse ; le rapport entre la part d'un enfant légitime et celle d'un enfant naturel n'est pas aussi simple que lorsqu'il y a un ou deux enfants légitimes ; au lieu de 5 et de 4, nous avons avec trois enfants légitimes $3\frac{2}{3}$ avec quatre $3\frac{1}{2}$ avec cinq $3\frac{2}{5}$ avec six $3\frac{1}{3}$ avec sept $3\frac{2}{7}$, avec huit $3\frac{1}{4}$.

Peu importe ; ces rapports devront être conservés, quelque nombreux que soient les enfants naturels.

Pour cela, voici une formule en langage ordinaire bien facile à retenir et à appliquer : *tripler le nombre des enfants légitimes, y ajouter celui des enfants naturels et 2*, on obtient le nombre des parts qui doivent être faites. Mettons 8 enfants légitimes et 5 enfants naturels. Le triple de 8 est 24, plus 5, plus 2 : total 3.

Chaque enfant naturel a un trente et unième ; il en reste 26 pour les enfants légitimes : chacun en aura 3, et en outre il en restera 2 à partager entre 8 ; en définitive ils en auront chacun $3\frac{1}{4}$. C'est bien là le rapport indiqué entre la part de l'enfant légitime et celle de l'enfant naturel, lorsqu'il y a huit enfants légitimes.

Si les enfants sont réduits à leur réserve, ils se partagent les trois quarts, comme ils se seraient partagé la succession entière.

SEPTIÈME HYPOTHÈSE

Des frères et sœurs en concours avec un ou plusieurs enfants naturels.

29. — Ce n'est plus la première partie de l'art. 757, qui doit être appliquée ; c'est la seconde, qui accorde à l'enfant naturel la *moitié*. La construction de la phrase indique que, pour compléter ce mot, il faut lire : *la moitié de ce qu'il aurait eu s'il eût été légitime*. Or, il aurait eu la totalité de la succession, donc il en aura la moitié.

Le projet de Code civil, rédigé par la commission et soumis aux observations des tribunaux, contenait un article, qui est devenu l'art. 757, et dont les dispositions doivent être examinées.

« LV. Cette portion, (celle que recueille l'enfant naturel), lorsque le père ou la mère laisse des enfants ou descendants, ou des ascendants légitimes, est, en propriété, d'une valeur égale au tiers de la portion héréditaire, que l'enfant naturel aurait eu droit de recueillir dans la succession de son père ou de sa mère, s'il eût été légitime.

« Elle est du quart de la succession, lorsque le père ou la mère ne laisse ni descendants légitimes, ni ascendants.

« Dans ce dernier cas, tous les enfants, en quelque nombre qu'ils soient, ne peuvent prendre ensemble que le quart de la succession. »

Notre article 757 a conservé exactement, sinon les termes, au moins le fond de la disposition proposée pour le cas de concours de l'enfant naturel avec des descendants légitimes; mais ce projet a été modifié dans toutes ses autres parties. Il ne pouvait pas en être autrement, car les conséquences les moins raisonnables seraient résultées d'une telle législation.

Les tribunaux ont presque tous fait des observations sur les défauts de cette proposition.

Ils ont remarqué que l'enfant naturel aurait le tiers de la succession s'il concourait avec des ascendants, et qu'il n'en aurait que le quart, s'il venait avec les parents les plus éloignés.

Le Tribunal d'appel de Bourges a même fait remarquer que dans certains cas, les enfants naturels auraient plus en concurrence avec des enfants légitimes, qu'avec des collatéraux. En supposant six enfants naturels et un enfant légitime, il donne, d'après le système que la pratique a ensuite adopté, un vingt et unième à chaque enfant naturel, qui n'aurait eu qu'un vingt-quatrième, s'il y avait des collatéraux.

Le Tribunal d'appel de Lyon a fait des calculs différents qu'il n'est pas facile de comprendre; il trouve qu'un enfant naturel, en présence d'un enfant légitime, n'a qu'un huitième, et que s'il y avait dix enfants, il n'aurait qu'un quarantième.

En résumé, les tribunaux ont demandé qu'on n'assimilât pas le cas où il y a des ascendants, à celui où il y a des enfants légitimes; qu'on donnât plus du quart à l'enfant naturel, lorsqu'il y a des collatéraux.

Le Tribunal de Bourges, a présenté des observations sur la disposition qui, dans ce dernier cas, rend invariable la quotité attribuée aux enfants naturels. Il a demandé qu'on donnât un quart de la succession s'il y a quatre enfants naturels, un tiers s'il y en a de 5 à 7, et une moitié au delà.

Le projet soumis aux discussions du Conseil d'Etat, après la communication officieuse faite au Tribunat, traite les enfants naturels plus favorablement que ne l'avaient demandé les tribunaux, les mieux disposés à augmenter les droits de cette classe d'enfants.

Quand il y a des enfants légitimes, *l'enfant naturel* a le tiers de ce qu'il aurait eu s'il eût été légitime ; quand il y a des ascendants, il est appelé à recueillir une moitié, et quand il n'y a que des collatéraux, les trois quarts de ce qu'il aurait eu s'il eût été légitime.

On reconnut, dans la discussion, qu'il fallait tirer les frères et sœurs de la classe des collatéraux ordinaires, puisqu'ils sont appelés concurremment avec les père et mère, et de préférence aux autres ascendants.

La disposition qui limitait à un quart la valeur prise par les enfants naturels, en concours avec les collatéraux, quel que fût leur nombre, disparut entièrement.

De tout cela, il résulte que l'attention du législateur ne s'est pas portée sur la question que présente le concours de plusieurs enfants naturels, avec des enfants légitimes. Un tribunal donnait une solution ; un autre en donnait une différente ; le texte diversement interprété est resté le même.

Au contraire, quand il y a des ascendants et des collatéraux, des tribunaux proposent des graduations que l'on n'admet pas ; mais on accorde l'équivalent, en attribuant des quotités plus fortes que celles qui avaient été demandées.

Cette augmentation si considérable (du quart aux trois quarts), dispensait de répéter la disposition finale de l'art. LV. Jamais le législateur n'aurait pu penser, qu'en donnant un quart de la succession aux collatéraux, et trois quarts à un enfant naturel, il autoriserait un second enfant naturel à venir réclamer encore les trois quarts, de manière qu'il obtînt avec son frère six septièmes, ne laissant qu'un septième à ceux qui ont le titre d'héritiers.

Il faut en dire autant du cas où il y a des ascendants. Le droit des enfants naturels a été

augmenté, quoique dans de moindres propor-
tions (d'un tiers à une moitié). Mais on doit
admettre ce règlement comme fait une fois
pour toutes, et par conséquent, indépendant
du nombre des enfants naturels.

A l'égard des frères et sœurs, il en sera
encore de même. Si l'on devait tenir compte
du nombre des enfants naturels, il faudrait
aussi avoir le moyen de tenir compte du nombre des frères et sœurs, et la loi ne le fournit pas.

En résumé, les enfants naturels, quel que
soit leur nombre, auront une moitié de la
succession ; et les frères et sœurs l'autre moitié.

30. — Si la succession est grevée de legs,
les frères et sœurs, d'une part, les enfants naturels, d'autre part, en supporteront également
la charge ; mais il y a une limite à cela. Les
enfants naturels ont une réserve ; et, en invoquant l'article 913, on trouve qu'un enfant
naturel a un quart de la succession pour sa
réserve, deux auraient chacun un sixième, et
trois ou un plus grand nombre auraient inva-
riablement trois huitièmes.

Si les frères et sœurs sont entièrement écartés de la succession par un legs universel au profit d'un étranger, la réserve des enfants naturels n'en éprouvera aucune augmentation.

Il faut tenir compte, pour déterminer la réserve des enfants naturels, des parents que laisse le *de cujus*, suivant les termes de l'art. 757, et non de ceux que la volonté du défunt appelle à profiter de la succession.

HUITIÈME HYPOTHÈSE

**Le père et la mère, des frères et sœurs en
concours avec des enfants naturels.**

31. — Les auteurs qui veulent prélever la
part des enfants naturels, ne trouvent aucune
difficulté dans cette hypothèse. Une moitié de
la succession est attribuée aux enfants naturels ; l'autre moitié est considérée comme la
succession entière déférée régulièrement aux
père et mère et aux frères et sœurs.

Les enfants naturels auraient donc une
demie ;

Les père et mère, un quart ;

Les frères et sœurs, un quart.

Mais cette solution n'a pour base qu'une
idée préconçue, et qui ne peut être appuyée
sur aucun texte.

M. Beautemps-Beaupré (vol. I, n° 217)
propose de faire dans ce cas une répartition.

Les enfant naturels auraient un tiers ;

Les père et mère, un tiers ;

Les frères et sœurs, un tiers.

Je préfère de beaucoup cette solution à la précédente.

Mais, après y avoir bien réfléchi, j'étais arrivé à me convaincre que, dans ce cas, il n'y a pas lieu à une répartition.

La moitié revenant au père et à la mère est pour eux une réserve; ils ont droit de la recevoir en entier avant que les frères et sœurs recueillent la moindre partie de la succession.

Les enfants naturels ont en leur faveur une disposition formelle qui leur accorde une moitié de la succession en présence des ascendants ou des frères et sœurs. Les dispositions particulières dérogent aux lois générales; les frères et sœurs qui n'ont en leur faveur qu'une loi générale, se trouvent donc virtuellement exclus de la succession (Note M).

S'il n'existait que l'un des père et mère, les frères et sœurs auraient incontestablement le quart revenant à celui qui est décédé.

32. — S'il y a un légataire universel ou des légataires particuliers qui absorbent la quotité disponible, nous rencontrons une difficulté qui conduit à une répartition.

Le père et la mère ont une moitié pour leur réserve.

L'enfant naturel a droit à un quart.

En présence des père et mère, la quotité disponible est d'une moitié.

Peut-on trouver une raison de droit irréfutable pour donner la préférence à l'une des trois classes de prétendants sur les deux autres ?

A un point de vue général, ces droits marchent de front. On doit respecter les réserves comme se rattachant aux sentiments intimes qui constituent la famille ; mais aussi, dès que l'on admet, comme principe social, le droit de disposer de ses biens après sa mort, il faut nécessairement maintenir les règles qui garantissent ce droit.

Si l'on s'attache aux textes, il est impossible de les observer exactement, puisqu'ils n'ont pas été écrits en prévision du concours de ces divers ayants droit.

La question posée plus haut ne peut donc se résoudre que par la négative.

Nous ne pouvons trouver deux moitiés et un quart ; mais nous avons cinq cinquièmes. Les père et mère auront deux cinquièmes, l'enfant naturel un cinquième, et deux cinquièmes formeront la quotité disponible. De cette manière, l'imputation se fait proportionnellement sur toutes les parties à la fois.

S'il y a plusieurs enfants naturels, la solution n'est pas plus difficile à obtenir.

Deux enfants naturels auraient, s'ils étaient légitimes, une réserve des deux tiers de la succession ; naturels, en présence des ascendants, ils n'en auront que la moitié, deux sixièmes. Les ascendants réclament une moitié, trois sixièmes ; et le légataire universel aussi trois sixièmes. Il faudrait donc trouver huit sixièmes. Aucun des ayants droit n'aura à se plaindre si l'on donne deux huitièmes aux enfants naturels, trois huitièmes aux ascendants et trois huitièmes au légataire universel.

Quand il y a trois enfants naturels ou un plus grand nombre, le même raisonnement conduit à donner aux enfants naturels trois onzièmes, aux ascendants quatre onzièmes, et au légataire universel quatre onzièmes.

33. — Trois systèmes ont été présentés pour concilier les diverses exigences des ayants droit. Voici l'idée première de chacun d'eux :

1° *Prélever la réserve de l'enfant naturel;*

2° *Prélever la quotité disponible et conserver la réserve de l'enfant naturel;*

3° *Conserver les deux réserves sans réduction.*

34. — Le premier système est le plus ancien, on le trouve enseigné par presque tous les auteurs. Troplong estime que la réserve des ascendants est la plus noble, cependant il lui fait céder le pas à la réserve des enfants naturels (Troplong, *Des Donations et Testaments,* vol. II, n° 777).

On cite dans le même sens : Chabot, *Commentaire sur la loi des successions,* sur l'art. 756, n°s 27 et 28. Toullier, *Droit civil,* t. IV, n° 266. Duranton, *Cours de Droit français,* t. VI, n° 319. Marcadé, *Explic. du Code civil* sur l'art. 916, n°s 1 à 3.

Quant à des motifs sérieux, on n'en trouve dans aucun auteur. Ce n'en est pas un que de dire : Sous l'ancien droit, l'enfant naturel n'obtenait que des aliments ; donc ce qui lui revient sous le droit nouveau doit être prélevé sur la masse de la succession (Note N).

35. — Le second système a pour premier auteur M. Richefort ; il est en outre enseigné par MM. Aubry et Rau, annotateurs de Zachariæ.

Je rapporte le paragraphe de M. Richefort : son ouvrage est peu connu :

MM. Aubry et Rau, qui ont la même opinion, ne le citent point.

« 396. Si le défunt laisse deux ascendants, l'un dans la ligne paternelle, l'autre dans la ligne maternelle, un enfant naturel reconnu et un légataire universel, comment faudra-t-il opérer sur la masse successive de 48,000 fr. ?

« On peut dire, contrairement à la doctrine de Chabot, qui s'est toujours laissé guider par sa même théorie :

« L'enfant naturel représentant fictivement un enfant légitime, il en résulte que la quotité disponible étant de la moitié, le légataire prend 24,000 fr., l'enfant naturel 12,000 fr. pour sa réserve, et les deux ascendants, les douze mille fr. restants. Tandis que Chabot n'accorde que 18,000 fr. au légataire et attribue 18,000 fr. aux ascendants, parce qu'il commence par prélever sur la masse les 12,000 fr. de l'enfant naturel, et partage le surplus par moitié entre les deux ascendants et le légataire ; par où l'on voit qu'il lèse celui-ci de 6,000 fr. et gratifie les ascendants de 6,000 fr. de plus qu'ils ne devraient avoir. »

Cette opinion n'est point motivée ; voici les raisonnements que présentent MM. Aubry et Rau pour la soutenir (vol. V, p. 188). Dans le texte, ils disent : « La réserve de l'enfant naturel se prend exclusivement sur celle des ascendants avec lesquels il se trouve en concours, lorsqu'il en existe dans les deux lignes. »

Dans la note 16, ils ajoutent : « Notre manière de voir est en opposition avec celle des auteurs qui se sont occupés de cette question : Chabot, Toullier, Grenier, Duranton, etc. Ces auteurs, en partant de l'idée que la réserve de l'enfant naturel est à considérer comme une charge héréditaire, enseignent que l'on doit commencer par distraire cette réserve de la totalité, et calculer ensuite sur le surplus la réserve des ascendants et la quotité disponible d'après les règles du droit commun. Nous avons déjà démontré l'inexactitude de l'assimilation qui sert de base à ce système. Quant à notre opinion, elle se justifie par les motifs suivants : Lorsque le défunt n'a laissé qu'un enfant légitime et point d'enfant naturel, la quotité disponible est de moitié. Il en serait de même dans le cas où il existerait des ascendants, puisque ceux-ci se trouveraient, par la présence d'un enfant légitime, exclus de toute participation à la réserve.

« Si la circonstance que le défunt, au lieu d'un enfant légitime, n'a laissé qu'un enfant naturel, donne aux ascendants le droit de réclamer une réserve, ils ne peuvent cependant la faire valoir que jusqu'à concurrence de l'excédant de la réserve d'un enfant légitime sur celle d'un enfant naturel. En leur attribuant une réserve plus étendue, on se mettrait en opposition avec l'esprit de la loi. En effet, la réserve des ascendants n'est que subsidiaire; elle disparaît complètement lorsqu'il existe un enfant légitime, et par conséquent elle doit, en cas d'existence d'un enfant naturel, disparaître partiellement jusqu'à concurrence de la portion revenant à ce dernier, puisque sa réserve est d'une nature analogue à celle de l'enfant légitime, et n'en diffère que par la quotité. Nous ajouterons que le système contraire supposerait dans la loi une inconséquence qu'il est impossible d'admettre, soit en effet une hérédité de 48,000 fr. à partager entre un enfant naturel, des ascendants dans les deux lignes et un légataire universel. En prélevant sur la totalité de la masse la réserve de l'enfant naturel qui est du quart, 12,000 fr., il resterait 36,000 fr. à répartir entre les ascendants et le légataire universel, ce qui donnerait pour ce dernier 18,000 fr., tandis qu'il aurait droit à 21,333 fr. 33 c., s'il était en concours avec un enfant naturel et un enfant légitime. Or, comme la réserve des ascendants paternels et maternels n'est que de moitié ainsi que celle d'un enfant légitime, on ne comprendrait pas comment le légataire universel se trouverait réduit, par la présence d'ascendants dans les deux lignes, à une portion de biens inférieure à celle qu'il aurait obtenue si, au lieu d'ascendants, le défunt avait laissé pour héritier un enfant légitime. »

M. Richefort et MM. Aubry et Rau arrivent, en ce qui concerne le droit de l'enfant naturel, au même résultat que s'ils considéraient ce droit comme une dette de la succession, mais ils le font par d'autres motifs. Ils veulent observer religieusement l'article 757. Ils disent : Ce texte attribue telle quotité à l'enfant naturel ; il doit l'avoir tout entière. Mais les ascendants pourraient en dire autant, en invoquant l'article 915. Ce texte leur attribue la moitié de la succession, dès qu'il n'y a point d'enfant légitime. Pourquoi feraient-ils une concession ?

On me dira peut-être que l'article 915 n'est pas écrit dans la prévision du concours des ascendants avec un enfant naturel, et que, ce cas échéant, il faudrait y apporter une modification.

Je répondrai : Où voit-on qu'on ne puisse pas faire un raisonnement semblable sur l'article 757 ? Croit-on que cet article ait été rédigé dans la prévision du concours de l'enfant naturel avec un légataire universel ? Croit-on surtout que la pensée du législateur se soit portée sur la circonstance du concours de la réserve des ascendants avec celle des enfants naturels ?

Si l'on ne peut pas répondre affirmativement, pourquoi n'admettrait-on pas que l'article 757 fléchit dans l'hypothèse non prévue, tout aussi bien que l'article 915 ?

M. Richefort et MM. Aubry et Rau veulent non-seulement conserver toute la réserve de l'enfant naturel, mais encore toute la quotité disponible; ils rejettent ainsi sur les ascendants tout le poids de l'insuffisance de la législation.

MM. Aubry et Rau disent : « La réserve des ascendants n'est que subsidiaire. » J'avoue n'avoir pas vu dans le Code civil qu'il y ait deux espèces de réserve, l'une principale, l'autre subsidiaire, l'une qui puisse être facilement sacrifiée pour maintenir l'autre dans son intégralité. Lorsque les ascendants ne sont pas appelés à recueillir la succession, ils n'ont point de réserve ; cela est de toute évidence ; mais il n'en résulte pas que lorsqu'ils sont héritiers, et que même ils ont seuls ce titre parmi tous les ayants droit à la succession, leur réserve soit moins efficace, moins protégée que celle d'un successeur irrégulier.

Les auteurs cités cherchent ensuite à réduire les autres systèmes à l'absurde, en faisant voir qu'ils donneraient, dans le cas où il y a des ascendants et un enfant naturel, une quotité disponible moindre que lorsqu'il y a un enfant légitime et un enfant naturel. Cette considération me touche peu; je trouve qu'il n'y a rien d'inconséquent dans le résultat signalé, et que, loin de là, le contraire ne serait pas logique.

En effet, pour juger de la convenance d'une solution, il ne faut pas seulement faire attention à l'opinion vague que l'on peut se faire sur l'étendue des droits de ceux qui recueillent la succession; mais il faut bien plutôt rechercher quelle est, d'après la loi, la quotité des droits de chacun des appelés. Ainsi il ne suffit pas de dire : un enfant légitime aurait des droits plus grands, plus inviolables que les ascendants; il faut peser exactement les prétentions qui doivent être satisfaites dans les deux cas.

Lorsqu'il y a des ascendants, l'enfant naturel a droit à une quotité de la succession plus grande que lorsqu'il y a un enfant légitime. D'un autre côté, les ascendants dans les deux lignes ont droit à une réserve égale à celle d'un enfant légitime seul. De là, il résulte que lorsqu'il y a des ascendants, les réservataires ont droit à des quotités plus grandes que lorsqu'il y a un enfant légitime. Pourquoi donc s'étonner que la quotité disponible soit moindre dans le premier cas que dans le second? Il serait extraordinaire qu'un système donnât un résultat opposé; car il est évident que plus les réserves sont élevées, moins il reste pour la quotité disponible.

36. — Le troisième système résulte d'un arrêt de la Cour d'Amiens, du 23 mars 1854. Il est bien vrai qu'il n'y avait qu'un ascendant, et que cet ascendant n'était ni le père, ni la mère. Mais ces circonstances n'étaient point décisives sur la question doctrinale. Voici le texte de cet arrêt :

« Sur la réserve de l'ascendant : Considérant qu'aux termes de l'article 915, la réserve de l'ascendant est d'un quart de la succession ;

« Que cette réserve n'ayant point lieu lorsqu'il se trouve un enfant légitime, il serait conséquent qu'elle fût diminuée des droits accordés à l'enfant naturel, qui sont une quotité de ceux de l'enfant légitime ; mais que cette règle ne peut être admise par induction, en l'absence de toute disposition législative ;

« Que l'on ne saurait admettre non plus le mode proposé par les auteurs de faire supporter les droits de l'enfant naturel en partie par la réserve, en partie par la quotité disponible ;

« Que les droits de l'enfant naturel ne sont point une créance, une charge de la succession, qui doive en être distraite pour en régler l'importance ;

« Qu'ils sont dans la succession et font partie de la masse, au moment où s'établit le droit du réservataire ;

« Qu'aux termes des art. 724 et 915, celui-ci se trouve de plein droit saisi de sa réserve à l'ouverture de la succession ;

« Que la présence d'un successeur irrégulier ne peut modifier le droit de celui que la loi qualifie héritier ;

« Que sans doute il résulte de là cette anomalie que la quotité disponible se trouve réduite au-dessous du taux déterminé par l'existence d'héritiers à réserve ; mais que dans la lutte des deux principes de la réserve et de la quotité disponible, la préférence doit être accordée à celui qui est fondé sur les droits du sang et qui a été plus particulièrement l'objet de la sollicitude du législateur. »

La Cour d'Amiens a parfaitement jugé en mettant sur le même rang la réserve de l'ascendant et celle de l'enfant naturel.

La quotité disponible se compose de ce qui reste après le prélèvement des deux réserves.

Dans l'espèce et d'après les calculs de la Cour, il restait sept seizièmes, un peu moins d'une moitié pour la quotité disponible : cela paraissait suffisant.

Mais les espèces changent et les principes doivent rester invariables. Il peut se présenter des cas où il y aurait des ascendants dans les deux lignes et où les enfants naturels seraient au nombre de deux ou trois : les ascendants auraient une moitié de la succession pour réserve ; les enfants naturels un tiers, s'ils sont deux ; trois huitièmes, s'ils sont trois.

Ainsi la quotité disponible serait réduite à un sixième ou un huitième ; elle tomberait au-dessous de la limite fixée pour le cas où il y a trois et plus de trois enfants légitimes. Or un quart est un *minimum* qui évidemment ne peut jamais être dépassé.

Ce système conduit donc dans ces deux cas à des résultats inadmissibles. Il repose du reste sur une idée théorique qui manque d'exactitude. La quotité disponible ne saurait être réductible à discrétion pour satisfaire toutes les réserves ; elle est en quelque sorte ce qui appartient au *de cujus* dans sa propre succession ; elle est l'instrument au moyen duquel il peut se faire respecter pendant sa vie. Ses droits sur ses propres biens seraient-ils moins sacrés que ceux de ses ascendants ou de ses enfants naturels ?

La Cour d'Amiens affirme, de la manière la plus gratuite, que le principe de la réserve a été plus particulièrement l'objet de la sollicitude du législateur.

NEUVIÈME HYPOTHÈSE

**Un ascendant dans une ligne, de simples collaté-
raux dans l'autre, en concours avec des enfants
naturels.**

37. — Doit-on, dans cette hypothèse, considérer la division de la succession entre les
deux lignes, comme tellement absolue que
l'enfant naturel ait droit aux trois quarts de la
moitié déférée aux collatéraux ? Je ne le pense
pas. Je crois qu'il faut appliquer strictement
l'art. 757, en disant : il y a des ascendants;
l'enfant naturel ne doit avoir que la moitié de
la succession.

Il n'est pas démontré que la gradation établie
dans l'art. 757 ait pour but direct de régler
l'avantage accordé aux parents, suivant leur
proximité plus ou moins grande. Le législateur
peut n'avoir eu en vue que l'injure faite à la
famille par la naissance d'un enfant naturel.
La présence d'un ascendant détermine la gra-
vité de ce fait ; et le concours des collatéraux
ne peut la diminuer. Dans le doute sur l'in-

tention du législateur, il vaut mieux s'en tenir au texte.

Si l'ascendant survivant est le père ou la mère, il n'est point étranger à la moitié de la succession déférée aux collatéraux : l'art. 754 lui donne l'usufruit du tiers de ce que prennent les collatéraux : il n'est donc pas possible alors de donner aux enfants naturels les trois quarts de la moitié revenant aux collatéraux ; l'usufruit du père ou de la mère portera sur un douzième de la succession.

L'arrêt de la Cour d'Amiens du 23 mars 1854 a donné une décision contraire ; les motifs sur ce point ne contiennent qu'une affirmation.

Si l'enfant naturel est réduit à sa réserve, il n'y a lieu à une répartition que sur la moitié où se trouve l'ascendant.

Sur cette moitié, la quotité disponible serait d'un quart, la réserve de l'ascendant d'un quart et la réserve de l'enfant naturel d'un huitième. Il faudrait donc faire cinq parts : deux pour la quotité disponible, deux pour la réserve de l'ascendant et une pour l'enfant naturel.

DIXIÈME HYPOTHÈSE

Les enfants naturels en concours avec des parents non-réservataires ou même venant à défaut de parents.

38. — Je n'ai aucune difficulté à résoudre dans ces différents cas.

Si les parents sont des frères et sœurs, les enfants naturels ont droit à la moitié de la succession. Un seul aurait pour réserve un quart de la succession ; deux obtiendraient deux sixièmes, trois ou un plus grand nombre trois huitièmes.

Si les parents sont des collatéraux autres que les frères et sœurs, les enfants naturels ont droit aux trois quarts de la succession.

Pour connaître leur réserve, il faut multiplier trois quarts par une moitié s'il y a un enfant naturel, et l'on obtient trois huitièmes, par deux tiers s'il y a deux enfants naturels, et l'on obtient une demie ; par trois quarts, s'il y a trois enfants naturels ou un plus grand nombre, et l'on obtient neuf seizièmes.

Si les enfants naturels viennent à la succession à défaut de tous parents, leurs droits seront réglés comme s'ils étaient légitimes.

SOMMAIRE DES NOTES

M. — Sur l'opinion qui exclut de la succession les frères et sœurs, en présence des père et mère et d'un enfant naturel.

N. — Sur les raisons morales qui feraient préférer la réserve de l'enfant naturel à celle des ascendants.

NOTE **A**. — *Sur les erreurs de calcul de deux jurisconsultes.*

Pour donner deux exemples de la négligence des auteurs sur la question des chiffres, je prendrai Loiseau et **M**. Bertauld, l'un des plus anciens et l'un des plus récents auteurs qui aient écrit sur les droits des enfants naturels.

Loiseau (*Traité des enfants naturels, adultérins, incestueux et abandonnés*, MDCCCXI) donne cinq tableaux (pages 717, 718, 719, 720, 721) qui présentent en fractions la solution de tous les cas possibles, lorsque le nombre des enfants légitimes ou naturels est égal ou inférieur à 6.

Cet étalage de chiffres en impose au premier coup d'œil, et l'on peut croire que c'est là le dernier mot de la science. Mais il suffit de rapprocher les nombres des divers tableaux pour voir combien ils sont inexacts.

Dans le cas où il y a deux enfants légitimes et un enfant naturel, ce dernier prend $\frac{1}{9}$, d'après le premier tableau, et d'après le second, les enfants légitimes ont $\frac{7}{9}$: total $\frac{8}{9}$; un neuvième reste donc vacant.

Au contraire, s'il y a deux enfants naturels et un enfant légitime, les premiers prennent $\frac{2}{9}$, et $\frac{8}{9}$ sont attribués à l'enfant légitime : total $\frac{10}{9}$.

Prenons un autre exemple : Quatre enfants légitimes et

trois enfants naturels ; le premier tableau donne $\frac{1}{7}$ et le second $\frac{17}{21}$: le total est $\frac{20}{21}$.

Pour trois enfants légitimes et quatre enfants naturels nous trouvons $\frac{4}{21}$ et $\frac{6}{7}$: total $\frac{22}{21}$.

Je croirais que les nombres du second tableau ont été transposés ; mais en outre il y a des fautes d'impression ; ainsi pour la supposition d'un enfant légitime et de six enfants naturels, il n'est pas possible que l'enfant légitime prenne $\frac{27}{21}$; il faut lire $\frac{21}{27}$.

On peut faire des observations semblables sur les tableaux 3, 4 et 5 des pages 719, 720 et 721 qui donnent : 3 la réserve des enfants naturels ; 4 la réserve des enfants légitimes ; 5 la quotité disponible.

Mais, ce qui est bien plus choquant qu'une erreur ou un déplacement de chiffre, ces tableaux présentent un gros oubli du droit : la quotité disponible ne peut jamais être au-dessous d'un quart ; elle ne peut être de $\frac{13}{64}$ quand il y a trois enfants légitimes et un enfant naturel. Pour cette hypothèse M. Loiseau nous donne les nombres suivants : réserve de l'enfant naturel $\frac{1}{16}$; réserve des enfants légitimes $\frac{13}{32}$; quotité disponible $\frac{15}{64}$. En réunissant ces trois nombres 4, 26, 15, on n'obtient que $\frac{45}{64}$. Que deviennent les $\frac{19}{64}$ qui ne sont attribués ni à l'enfant naturel, ni aux enfants légitimes, ni à la quotité disponible ?

Je ne peux admettre que ces calculs aient été faits par un avocat à la Cour de cassation ; mais, en remarquant que les fractions sont toujours soigneusement réduites à leur plus simple expression, je conjecture que le jurisconsulte a abandonné cette partie du travail à un instituteur primaire de Pontarlier ou des environs.

M. Bertauld, dans ses *Questions pratiques et doctri-nales du Code Napoléon, II° série*, 1869, consacre 42 pa-ges à la réserve, et spécialement à la réserve des en-fants naturels. Les calculs sont faiblement indiqués et même pour la plupart ils sont corrigés dans un *errata* ajouté par un carton. Laissons de côté pour le moment ces calculs qui seraient compliqués et pre-nons un texte très-simple.

Page 275, n° 371, il dit : « Lorsque le *de cujus* ne laisse ni enfants ni descendants, la réserve de l'enfant naturel est forcément calculée sur la réserve à laquelle il aurait eu droit s'il eût été légitime. Sa réserve serait de moitié ; il a droit au tiers de cette moitié. C'est là son droit et tout son droit, quels que soient les successibles qu'il rencontre en sa présence ou qui concourent avec lui. »

Pourquoi l'enfant naturel aurait-il droit au *tiers* de la moitié ? S'il n'y a point d'enfants légitimes il n'est plus question de *tiers* dans l'art. 757.

Dans le n° 372, l'auteur pose une série de questions qu'il ne résout point ; cependant elles sont importan-tes ; mais les réponses contrediraient la décision tran-chante du n° 371.

En voici assez pour établir que ces deux auteurs tiennent peu à l'exactitude des nombres.

Note **B.** — *Sur le prélèvement de la part de l'enfant naturel.*

Peu après la publication du Code civil, des auteurs ont soutenu que le droit de l'enfant naturel était une créance. Loiseau, page 204, dit : « La créance de l'enfant naturel est une participation à la succession, créance de sa portion elle-même, créance mixte, ou créance personnelle-réelle. »

Cette opinion n'était pas appuyée sur la loi ; car le projet du Code civil contenait la disposition suivante :

« LIV. L'enfant naturel, qui n'a point de parenté civile résultant du mariage, n'est point héritier. La portion que la loi lui accorde sur les biens de ses père et mère n'est qu'une créance fondée sur l'obligation naturelle qu'ils ont contractée envers lui. »

Cette disposition est devenue l'art. 756, où il n'est plus question de *créance*.

C'est Chabot qui, abandonnant le mot de *créance*, l'a remplacé par celui de *délibation*. Ce n'était qu'un changement de mot ; la *délibation* se prélevait sur la succession tout comme la *créance*.

Je rapporterai bientôt un long passage de Chabot qui contient ce mot et en tire des conséquences.

Il ne croyait pas que l'enfant naturel eût une réserve ; toutes les solutions qu'il présentait tendaient à prouver cette opinion. Les auteurs qui sont venus après lui n'ont point adopté le principe ; mais les solutions ont passé dans la doctrine.

M. Belost Jolimont dans ses *Observations sur Chabot* a exagéré cette erreur au point de soutenir que les legs ne doivent pas porter sur la portion revenant aux enfants naturels.

Quelques auteurs ont tenté d'établir une doctrine indépendante de l'opinion qui prélève la part de l'enfant naturel. Je puis citer M. Blondeau, *Traité de la séparation des patrimoines* ; M. Richefort, *Traité des familles et des successions irrégulières* ; enfin MM. Aubry et Rau, dans leurs notes sur Zacharie ; mais leurs calculs sont loin d'être exacts.

Un arrêt de la Cour de cassation du 16 juin 1847 (J. du Pal. 1847, t. II, p. 87) décide formellement que l'enfant naturel a une réserve, et il ajoute dans les considérants « les droits de l'enfant légitime forment la base et le type du droit de l'enfant naturel. »

On doit induire de ce motif que la part revenant à l'enfant naturel ne doit pas être prélevée sur l'ensemble de la succession.

Cependant M. Rodière, de regrettable mémoire, dans une note sur un arrêt de la Cour d'Amiens du 23 mars 1854 (J. du Pal. 1856, t. II, p. 126), soutient, contrairement à l'arrêt commenté, que le droit de l'enfant naturel est une charge de la succession : il ne peut être comparé ni à un legs, ni à une dette ; mais c'est une charge *sui generis*.

M. Rodière a des idées curieuses sur le droit de l'enfant naturel : en examinant si l'enfant naturel peut exercer le retrait successoral il dit : « en exerçant le retrait, il dépasserait son droit, précisément parce que son droit a des limites fixes et qu'il n'a point pour ainsi parler l'élasticité des droits proprement héréditaires. »

L'élasticité est une propriété de la matière. Comment peut-on dire qu'un droit possède quelque chose d'analogue à cette qualité, et surtout comment reconnaître qu'il l'a à un degré plus ou moins élevé ?

Plus loin M. Rodière dit que le droit de l'enfant naturel prime celui des enfants légitimes comme une plante parasite prime en quelque sorte l'arbre auquel elle s'attache et d'où elle tire tous les sucs nécessaires à son existence.

Les Druides pouvaient persuader aux Gaulois que le gui primait le chêne sur lequel on le découvrait ; mais il y a longtemps que nous avons abandonné sur ce point les idées de nos ancêtres.

M. Rodière a horreur de l'arithmétique et de l'algèbre ; il les repousse de cette discussion comme des matières hétérogènes. Pense-t-il que des considérations de physique et de botanique rentrent mieux dans la nature du sujet et peuvent plus facilement amener des solutions acceptables ?

NOTE **C.** — *Sur le rapport entre la part d'un
enfant légitime et celle d'un enfant naturel.*

Le Code civil, en accordant à l'enfant naturel le tiers
de ce qu'il aurait eu s'il eût été légitime, n'a point fait
un règlement aussi simple qu'on pourrait le croire au
premier abord.

Le rapport entre la part de l'enfant légitime et celle
de l'enfant naturel varie d'après le nombre des enfants
légitimes.

En représentant par 1 la part d'un enfant naturel, on
trouve que celle d'un enfant légitime doit être représentée :

S'il n'y a qu'un enfant légitime, par........ 5

S'il y en a deux, par...................... 4

S'il y en a trois, par .... $3\,\frac{2}{3}$ — 3,67

S'il y en a quatre, par............. $3\,\frac{1}{2}$ — 3,5

S'il y en a cinq, par.............. $3\,\frac{2}{5}$ — 3,4

S'il y en a six, par............... $3\,\frac{1}{3}$ — 3,33

S'il y en a dix, par .... $3\,\frac{1}{5}$ — 3,2

La différence entre deux rapports consécutifs est
d'abord assez grande ; puis elle diminue rapidement ;
si l'on prolongeait le calcul on arriverait bientôt à la
rendre insensible.

Il est facile de reconnaître que les nombres qui précédent sont représentés par l'expression $3 + \frac{2}{l}$; l étant le nombre des enfants légitimes, car chaque enfant légitime a non-seulement une portion triple de celle de l'enfant naturel ; mais en outre ils se partagent entre eux tous, les deux tiers de la part attribuée provisoirement à l'enfant naturel : et ces deux tiers de part donnent un résultat d'autant moins important qu'ils sont divisés entre un plus grand nombre d'enfants.

Le rapport entre la part de l'enfant légitime et celle de l'enfant naturel varie donc dans des limites très-étroites. Rendre ce rapport invariable serait certainement le règlement le plus simple.

Dans la *Thémis*, t. VII, p. 274, on trouve une proposition qui tendrait à soutenir que la part de l'enfant naturel doit être toujours un tiers de celle de l'enfant légitime. M. Blondeau exprime la même opinion dans son *Traité de la séparation des patrimoines*. Mais le texte de l'art. 757 ne peut se plier à cette interprétation : il est clair pour tous les cas où il n'y a qu'un enfant naturel en concours avec des enfants légitimes. Les auteurs qui avaient participé à la rédaction du Code et qui ont écrit immédiatement après sa publication, donnent tous, au texte de l'art. 757, l'interprétation qui est admise universellement. Ainsi, Malleville et Chabot font l'un et l'autre remarquer que ces expressions : « le tiers de la portion héréditaire que l'enfant naturel aurait eue s'il eût été légitime » n'ont point la même signification que celles-ci : le tiers de la part d'un enfant légitime.

Ce que nos législateurs n'ont pas fait est formellement admis par le Code d'Haïti. Dans ce pays, où l'opinion publique ne frappe point les enfants naturels d'une défaveur aussi grande qu'en France, les dispositions si conciliantes de notre Code ont paru trop dures. La loi d'Haïti reconnaît aux enfants naturels la qualité d'héritiers; elle les préfère à tous les parents autres que les enfants légitimes; et quant à leur concours avec ces derniers, voici quelle est sa disposition :

« Art. 608. — S'il y a concours de descendants légitimes et de descendants naturels, la part de l'enfant naturel devra toujours être le tiers de la part de l'enfant légitime. Pour opérer facilement le partage, il suffira de supposer le nombre des enfants légitimes triple de ce qu'il sera réellement, d'y ajouter celui des enfants naturels, et de faire autant de parts égales qu'il sera censé alors y avoir d'enfants ; chaque enfant naturel prendra une part, chaque enfant légitime en prendra trois. »

Si le Pouvoir législatif a jamais, en France, le loisir de réviser les dispositions du Code sur les enfants naturels, il ne pourrait mieux faire que de s'inspirer de la disposition précédente de la loi d'Haïti.

L'invariabilité du rapport entre la part d'un enfant naturel et celle d'un enfant légitime a des avantages qui seront encore mieux sentis, lorsqu'il s'agira d'examiner comment doit se calculer la réserve, et comment doit se faire le partage, quand il y a plusieurs enfants naturels.

Mais le rapport de 1 à 3, qui est bon en Haïti, ne serait peut-être pas en France conforme au sentiment

public en ce qui touche les enfants naturels. On pourrait, sans inconvénients, adopter le rapport de 1 à 4.
Cette mesure serait favorable à l'enfant naturel quand
il y a un enfant légitime : elle n'apporterait aucun
changement pour le cas où il y en a deux, et serait
défavorable dans toutes les autres hypothèses.

NOTE **D**. — *Textes du Digeste indiquant une répartition.*

J'ai trouvé dans le Digeste deux autres textes qui présentent des calculs semblables.

De liberis et posthumis. Julien, fr. 13. Pr. « Un testament est ainsi conçu : *S'il me naît un fils, qu'il soit mon héritier pour deux tiers et ma femme pour le surplus; mais s'il me naît une fille, qu'elle soit mon héritière pour un tiers et ma femme pour le surplus.* Il est né un fils et une fille. On doit dire que l'as sera distribué en sept parties, afin que le fils en ait quatre, la femme deux, et la fille une. On se conformera ainsi à la volonté du testateur, car le fils aura le double de la part de la femme, et celle-ci le double de la part de la fille. »

De heredibus instituendis Paul, fr. 81, pr. « Clemens Patronus a testé ainsi : *S'il me naît un fils, qu'il soit mon héritier; s'il me naît deux fils, qu'ils soient mes héritiers par parts égales; qu'il en soit de même s'il me naît deux filles; s'il vient un fils et une fille, que le fils ait deux parts et la fille un tiers;* deux fils et une fille étant nés, on demande comment doit être fait le partage : Les fils doivent avoir des parts égales, et chacun d'eux a droit au double de ce que recevra leur sœur; il faut donc faire cinq parties : deux pour chacun des fils, et une pour la fille. »

La manière d'opérer est toujours celle que j'emploie : reconnaître le rapport entre les parts des ayants droit, et faire autant de parties que cela est nécessaire pour que le rapport soit conservé.

NOTE E. — *Conséquences illogiques du changement de rapport entre les parts dans la succession et les parts dans la réserve.*

Voici trois exemples où le changement de rapport entre les parts prises dans la succession et celles attribuées dans la réserve entraîne des conséquences tout à fait inadmissibles.

On pourrait multiplier ces exemples ; ceux que je donne paraissent suffire.

1° La succession est de 18,000 fr. ; les legs ne s'élèvent qu'à 6,000 fr. ; il reste 12,000 fr. à partager entre l'enfant légitime et l'enfant naturel. Suivant la disposition de l'art. 757, l'enfant légitime aura cinq sixièmes, 10,000 fr. et l'enfant naturel, un sixième, 2,000 fr. Mais la réserve de ce dernier est précisément de cette somme ; en sorte qu'il lui est indifférent que la somme à partager soit de 12,000 fr. ou de 10,000 fr. ; dans l'un et l'autre cas on doit lui délivrer 2,000 fr.

2° La succession est toujours de 18,000 fr. ; des legs particuliers absorbent presque toute la quotité disponible, mais cependant pas entièrement : ils s'élèvent à 7,800 fr.; il reste à partager 10,200 fr. entre l'enfant légitime et l'enfant naturel. C'est plus que le montant des deux réserves ; cette somme doit dès lors être partagée comme le serait la succession totale : il ne peut être, en effet, question des réserves qu'autant que la quotité disponible est entièrement épuisée par des donations ou des legs. L'enfant naturel aura un sixième de 10,200 fr., c'est-à-dire 1,700 fr.; cinq sixièmes pour l'enfant légitime s'élèvent à 8,500 fr. L'enfant naturel a ainsi 300 fr. de moins que ce qu'il aurait obtenu si les legs étaient de 200 fr. plus considérables ; l'enfant légitime, au contraire, aurait 500 fr. de plus que sa réserve.

3° La succession paraît encore être de 18,000 fr. et les legs sont de 7,800 fr. La liquidation est préparée suivant les bases précédentes. Mais on reconnaît au dernier moment qu'une valeur de 900 fr. que l'on comprenait dans l'actif n'existe pas. La masse à partager se réduit donc à 17,100 fr. La quotité disponible est seulement des quatre neuvièmes, soit de 7,600 fr.; ainsi les legs subiront une réduction de 200 fr. Le neuvième de l'enfant naturel sera de 1,900 fr. L'enfant légitime ne prend que 7,600 fr.

En comparant ces résultats avec ceux de l'exemple précédent, on reconnaît qu'une diminution de 900 fr. sur le total de la succession, fait perdre pareille somme à l'enfant légitime, et augmente, au contraire, la réserve de l'enfant naturel des 200 fr. qui sont retranchés du montant des legs.

Un système qui produit de telles conséquences peut-il être soutenu ? Ne doit-il pas être considéré comme péchant par la base ? Dois-je le répéter encore ? le défaut du système que je combats tient au changement de rapport entre les parts des enfants. Dans la succession totale, l'enfant naturel a un cinquième de la part de l'enfant légitime ; mais dans la réserve, il a un quart de ce que prend l'enfant légitime.

On fait disparaître tous les inconvénients en maintenant, dans tous les cas, ce rapport de 1 à 5, qui résulte clairement du texte de l'art. 757, lorsqu'il n'y a qu'un enfant légitime et un enfant naturel.

Suite des observations sur l'arrêt de la Cour de cassation
du 26 juin 1809.

Note **F.** — La solution adoptée par la Cour de cassation a pour principe l'idée de prélèvement de la part de l'enfant naturel. Pour bien exposer les opinions courantes au moment où cet arrêt a été rendu, je crois devoir reproduire un passage de Chabot. Sur l'art. 756, n° 23, il dit :

« Supposons d'abord que le défunt ait laissé un enfant légitime, un enfant naturel légalement reconnu et un donataire ou un légataire universel.

« Quelle sera, dans ce cas, la quotité de la réserve due à l'enfant naturel, si, par exemple, la masse de la succession, en y comprenant tous les biens donnés ou légués, s'élève à la somme de 48,000 fr. ?

« D'après les principes établis précédemment, la réserve de l'enfant naturel doit être le *tiers* de la réserve qu'il aurait eue s'il avait été légitime.

« Mais pour savoir sur quelle quotité de biens sera pris ce tiers, quelle en sera la valeur et à quelle somme il s'élévera dans la succession qu'on suppose valoir 48,000 fr., il faut rechercher d'abord quelle est la portion de biens dont le défunt n'a pu disposer.

« Si le défunt n'avait qu'un enfant légitime, la portion indisponible aurait été de la moitié des biens, c'est-à-dire de 24,000 fr., aux termes de l'art. 913 du Code civil.

« Mais comme il a laissé, avec un enfant légitime, un enfant naturel reconnu, sa portion indisponible ne doit-elle pas être plus considérable?

« Sur cette question, les opinions sont encore divisées.

« Quelques jurisconsultes soutiennent que l'existence d'un enfant naturel ne peut diminuer la portion disponible du père, parce que, aux termes de l'article 913, la portion disponible et la portion indisponible sont uniquement réglées d'après le nombre des enfants légitimes, et de là ils concluent que le père qui laisse un seul légitime et un enfant naturel reconnu a pu disposer valablement jusqu'à concurrence de 24,000 fr., si la masse de la succession ne s'élève qu'à 48,000 fr.

« Mais entre eux, ils ne sont plus d'accord sur la fixation de la quotité de la réserve, qui est due à l'enfant naturel.

« Les uns disent qu'il résulte des articles 757 et 758, que l'enfant naturel doit avoir le tiers de la réserve de 24,000 fr. qui appartient à l'enfant légitime ; qu'ainsi sa réserve est de 8,000 fr. et que cette somme doit lui être délivrée, moitié par l'enfant légitime, moitié par le donataire ou légataire.

« Mais, dans cette supposition, l'enfant naturel se trouverait avoir, dans la succession de son père, une portion aussi forte que si le père n'avait fait aucune disposition à titre gratuit ; car, en l'absence de toute disposition, l'enfant naturel concourant avec l'enfant légitime, ne pourrait avoir, suivant l'article 757, que la *sixième* portion de biens de l'hérédité, et cette sixième portion ne s'élèverait qu'à 8,000 fr. dans la succession entière, qu'on suppose ne valoir que 48,000 fr.

« Il n'éprouverait donc aucune réduction à raison des dispositions qui auraient été faites par son père, et se trouverait ainsi plus favorisé que l'enfant légitime. Cette opinion n'est pas admissible.

« D'autres pensent que l'enfant ne doit avoir, pour sa réserve, que la sixième portion de la réserve de 24,000 fr. qui appartient à l'enfant légitime, en sorte qu'il ne pourrait réclamer que 4,000 fr. Mais dans ce cas il n'aurait pas, conformément à la disposition de l'article 757, le tiers de la réserve qu'il aurait eue s'il avait été légitime ; car, s'il avait été légitime comme son frère, la réserve pour chacun d'eux aurait été de 16,000 fr., puisque le tiers seulement de la fortune du père aurait été disponible ; l'enfant naturel devrait donc avoir pour sa réserve, en cette qualité, la somme de 5,333 fr. 33 c., formant le tiers de la réserve de 16,000 fr. qu'il aurait eue s'il avait été légitime. Ainsi la seconde opinion n'est pas plus admissible que la première.

« Il faut donc chercher une autre base pour la fixation de la quotité de la réserve due à l'enfant naturel et on ne peut en trouver qui soit établie sur les dispositions des articles 757 et 758 qu'en adoptant l'opinion des auteurs qui soutiennent que l'enfant naturel reconnu doit figurer au nombre des enfants légitimes, c'est-à-dire être momentanément supposé légitime pour régler la quotité de biens dont le père pouvait disposer.

« Suivant cette opinion, le père qui a laissé un enfant

légitime et un enfant naturel, n'a pu disposer que du tiers de ses biens ; ainsi dans sa succession dont la masse, après la réunion des choses données, s'élève à 48,000 fr., le donataire ou légataire prendra 16,000 fr.; l'enfant légitime prendra également 16,000 fr. pour sa réserve personnelle, et sur les 16,000 fr. restants, l'enfant naturel prendra pour sa réserve 5,333 fr. 33 cent., qui forment précisément le tiers de la réserve qu'il aurait eue, s'il avait été légitime.

« Mais ici se présente une autre difficulté.

« L'enfant naturel n'ayant le droit de prendre que 5,333 fr. 33 c. sur les 16,000 fr. retenus pour sa réserve, à qui appartiendra donc la somme de 10,666 fr. 67 cent. restante.

« Sera-ce à l'enfant légitime ? Mais, dans cette supposition, il serait plus favorisé s'il se trouvait en concours avec un enfant naturel que si cet enfant n'existait pas, puisqu'il avait, dans le premier cas, 26,666 fr. 66 c. au lieu qu'il n'aurait dans le second cas que 24,000 fr.

« Sera-ce au donataire ou légataire ? Mais dans cette nouvelle supposition, le donataire ou légataire aurait plus d'avantages à ce que le donateur eût laissé un enfant naturel que s'il n'en avait pas laissé, puisque, au premier cas, il aurait 26,666 fr. 67 cent., et qu'au second cas, il n'aurait que 24,000 fr.

« Aucune de ces deux propositions ne pouvant être admise, il faut nécessairement en conclure que la somme de 10,666 fr. 67 cent. doit être partagée par moitié entre l'enfant légitime et le donataire ou légataire.

« Et de là il résulte que la part attribuée à l'enfant naturel pour sa réserve doit être regardée comme une dette, comme une délibation de la succession, qui doit être supportée par les légitimaires et les donataires ou légataires, chacun en proportion de ce qu'il prend.

« Ainsi la véritable manière d'opérer, c'est que l'enfant naturel prenne d'abord, sur la masse de la succession, une part de biens, jusqu'à concurrence de la valeur de 5,333 fr. 33 cent. et que le surplus des biens soit partagé par moitié entre l'enfant légitime et le donataire ou légataire universel, ce qui donne à chacun d'eux une valeur de 21,333 fr. 33 cent.

« Maintenant me demandera-t-on dans quels articles du Code se trouvent écrites toutes les solutions que je viens de donner ? Je serai forcé de convenir qu'elles ne se trouvent nulle part, ; je serai forcé de convenir qu'il n'y a dans le Code aucune disposition qui porte que, pour régler la réserve due à l'enfant naturel, il faut le compter au nombre des enfants légitimes ; qu'il n'y a aucune disposition qui porte que la réserve due à l'enfant naturel ne doit pas venir entièrement en diminution de la portion disponible du père, et qu'elle doit être prise tant sur la portion réservée par la loi à l'enfant légitime que sur la portion attribuée au donataire ou légataire.

« Mais comme le Code civil n'a rien, absolument rien dit sur le droit de réserve en faveur de l'enfant naturel, et que, cependant, on veut l'admettre, il faut bien en régler les effets conformément aux intentions que l'on suppose au législateur, et de manière à les mettre d'accord avec les dispositions existantes.

« Quand on ajoute à la loi, au moins ne faut-il pas contrarier ce qu'elle a dit ; quand on crée un système, au moins faut-il le coordonner avec ce que la loi elle-même a prononcé. »

Je rapporte ce long passage parce que j'y trouve la justification de l'opinion que je soutiens: un système pour être admis, doit être d'accord avec les dispositions existantes ; ce que l'on ajoute à la loi, doit se coordonner avec ce qu'elle a prononcé elle-même.

L'opinion soutenue par Chabot fait tout autre chose : le prélèvement de la part de l'enfant naturel ne résulte d'aucune disposition ; il a pour conséquence d'attribuer à l'enfant naturel, une part relativement plus forte que celle qu'il prendrait dans la succession totale : la part de l'enfant naturel et celle de l'enfant légitime ne sont plus dans le même rapport.

Il faut convenir que l'arrêt de la Cour de cassation du 26 juin 1809, ne pouvait pas être rendu autrement, si l'on tient compte des idées qui avaient cours alors, et que résume Chabot dans le passage précédent.

Personne ne remarquait que, pour qu'il y eût *une valeur proportionnelle*, il fallait que la part de l'enfant légitime fût quintuple de celle de l'enfant naturel, dans la réserve comme dans la succession.

Merlin, sur les conclusions de qui l'arrêt a été rendu, était peu satisfait des opinions courantes , car il disait: « Que décident sur cette question ceux-là même qui ont pris la part la plus active à la rédaction du code ? Rien qui ne présente la contradiction la plus affligeante pour la raison, et la plus embarrassante pour la justice. » *Question de droit, verbo* RÉSERVE. t. 4, p. 469.

La Cour de cassation, pas plus que les autres tribunaux, n'a pour mission d'imaginer des solutions nouvelles, que l'intérêt n'aurait pas fait découvrir aux parties. Les questions ont été préparées par des hommes capables ; elles sont exposées avec soin ; il ne reste ordinairement aux magistrats qu'à choisir la meilleure opinion et à la motiver.

Dans l'espèce soumise à la Cour de cassation en 1809, il se présentait une circonstance qui pouvait tendre à faire augmenter la part de l'enfant naturel : c'est que l'enfant légitime était aussi légataire universel; il prenait en même temps et sa part dans la réserve et la quotité disponible ; il avait donc beaucoup plus que l'enfant naturel. Les onze douzièmes, accordés par la cour de Pau, paraissaient exagérés. Par un effet de réaction, il ne lui a été accordé que huit neuvièmes.

Le cumul pour l'enfant légitime d'une partie de la réserve et de la quotité disponible, ne laissait pas en évidence le rapport entre les parts prises, d'abord dans la succession entière, puis dans la réserve.

Il est bon de noter l'opinion des auteurs qui ont voulu ne point se soumettre aux traditions des jurisconsultes.

M. Richefort (*Traité de l'état des familles légitimes et naturelles et des successions irrégulières*, vol. III, n° 392) a combattu le système de prélèvement de la réserve de l'enfant naturel ; il veut au contraire prélever la quotité disponible ; mais il tombe dans une étrange conséquence.

Voici le n° 392 de l'ouvrage cité :

« M. Chabot, fait cette hypothèse : »

« Un homme laisse un enfant légitime, un enfant naturel reconnu et un légataire universel. Sa succession est de 48,000 fr. D'après l'arrêt *Picot* (du 26 juin 1809), l'enfant naturel doit compter comme enfant légitime, pour fixer la quotité disponible. Cette quotité sera donc du tiers, s'élevant à 16,000 fr. Reste 32,000 fr. L'enfant naturel aura pour son tiers de la moitié qu'il aurait eue s'il eût été légitime 5,333 fr. 35 c. Jusque là tout va bien. »

« Mais que deviendraient les 26.666 fr. 67 c. restants? M. Chabot, en attribue d'abord 16,000 fr. à l'enfant légitime, pour sa réserve légale ; et quand aux 16,666 fr. 67 c., il les partage entre ce dernier et le légataire universel. »

« Il ne veut les attribuer en totalité ni à l'un ni à l'autre, parce que, dit-il, ils auraient plus d'avantage, savoir : l'enfant légitime que si l'enfant naturel n'existait pas, et le légataire, par l'existence même de cet enfant. »

« Ne peut-on pas dire que M. Chabot perd de vue dans son calcul, le motif pour lequel l'arrêt *Picot* a été rendu ? Pourquoi la Cour de cassation a-t-elle décidé que l'enfant naturel reconnu devait compter numériquement au nombre des héritiers ? n'est-ce pas pour fixer la réserve légale de l'enfant légitime ? Oui, sans doute ; mais cette réserve ne peut être fixée qu'en déterminant la quotité disponible, or, dans l'espèce, cette quotité ne peut excéder le tiers s'élevant à 16,000 f. ce n'est donc que cette valeur de 16,000 fr. qui peut-être attribuée au légataire, et tout le surplus, distraction faite des 5,333 fr. 33 c. formant la portion de l'enfant naturel, doit composer la réserve légale de l'enfant légitime, en sorte que celle de l'enfant naturel sera du neuvième. »

« Ce qui cause l'erreur de M. Chabot, peut-on ajouter, c'est que, d'après lui, ainsi qu'il le déclare, la part de l'enfant naturel n'est qu'une dette, une délibation de la succession, qui doit être supportée par les légitimaires et les légataires chacun en proportion de ce qu'il prend. Aussi commence-t-il par le déduire de la masse ; tandis qu'il est aujourd'hui (1842) reconnu et jugé, que le droit de l'enfant naturel est une véritable réserve. »

Il est facile de reconnaître l'erreur dans laquelle tombe l'auteur, il veut prélever la quotité disponible ; mais quelle quotité ? celle que l'on donnerait définitivement s'il y avait deux enfants légitimes ; mais il n'y a pas deux enfants légitimes. L'enfant naturel prenant moins qu'un enfant légitime, la quotité disponible doit en être augmentée. Sinon la réserve de l'enfant légitime se trouve portée à un chiffre plus élevé que celui qu'il aurait, s'il n'existait point d'enfant naturel. Le seul moyen de résoudre équitablement la question est de ne prélever ni la quotité disponible, ni la réserve de l'enfant naturel ; mais de déterminer le droit de tous par un seul calcul.

J'ai lu beaucoup d'autres auteurs et je retrouve dans tous le même fond d'idées. Ainsi Troplong (*Des donations et testaments*, n° 773) s'exprime ainsi : « En suivant l'analogie des idées, la réserve de l'enfant naturel, dans le cas de disposition, doit être aussi une quotité de la part à laquelle il aurait été réduit s'il eût été légitime, en observant, comme le fait remarquer M. Grenier

(T. IV n° 666), la même proportion qu'il y a entre la portion attribuée à l'enfant naturel, dans le cas de succession *ab intestat* et celle qu'il aurait eue dans le même cas, s'il eût été légitime. »

On ne peut pas établir une proportion sans constater le rapport qui existe entre deux valeurs et sans conserver ce rapport entre les nombres que l'on cherche.

M. Demolombe, dans son *Traité des Successions* (vol. II, n° 63), a emprunté à mon travail de 1849 l'examen du rapport entre la part de l'enfant légitime et celle de l'enfant naturel ; je regrette qu'il ait abandonné ce point de vue dans le second volume du *Traité des Donations* ; car la logique rigoureuse l'aurait amené à l'opinion que je propose.

C'est une prétention bien téméraire que de dire : pendant trente-huit ans aucun auteur n'a vu la solution exacte d'une question pratique ; mais cette solution a été trouvée par un étudiant de quatrième année, travaillant à la bibliothèque Sainte-Geneviève. Je ne suis rien ; je ne puis être une autorité ; le système que je propose n'a de valeur que par les démonstrations qui l'appuient. La question n'a pas une grande importance ; c'est plutôt une affaire d'honneur ou au moins d'amour-propre ; car il est affligeant de voir tous les jurisconsultes, depuis la Cour de cassation de 1809 et Chabot jusqu'à Troplong et M. Demolombe, affirmer, les uns, après les autres, qu'ils établissent une proportion lorsqu'ils disent :

$$3{,}000 : 15{,}000 :: 2{,}000 : 8{,}000$$

Ou plus simplement :

$$1 : 5 :: 1 : 4.$$

Et en d'autres termes :

$$5 = 4 \,!$$

Sur le nombre possible des enfants naturels appelés
à une succession.

Note **G**. — Philippe-le-Bon, duc de Bourgogne, est signalé dans l'histoire comme ayant eu quatorze bâtards. Si, au lieu d'être souverain d'Etats nombreux, dans lesquels il changeait souvent de résidence, il eût été un simple Français soumis au Code civil, il n'aurait pas laissé un grand nombre d'enfants naturels venir partager sa succession avec son fils légitime, Charles-le-Téméraire.

Une partie de ces bâtards étaient adultérins de sa part (il s'était marié trois fois) ; d'autres étaient adultérins de la part des mères. Quelques-uns auraient-ils pu invoquer l'art. 340 pour obtenir une reconnaissance judiciaire ? Il y a grandement lieu d'en douter : le rôle de ravisseur convenait peu à un homme comme Philippe-le-Bon, dans la société du xvᵉ siècle.

Enfin resteraient ceux qu'il aurait pu et voulu appeler à recevoir un cinquième de la part de l'enfant légitime. Mais encore sur ce point on peut conjecturer que ce nombre n'aurait pas été grand.

On voit dans notre siècle devenir de plus en plus rares les mariages qui donnent de nombreux enfants ; à bien plus forte raison, les liaisons sans mariage n'augmentent pas beaucoup la population.

C'est donc uniquement pour la régularité des théories qu'on fait figurer dans les calculs dix ou douze enfants naturels ; dans la pratique, on n'en a jamais plus de deux ou trois au maximum.

Seconde démonstration du système de la répartition.

Note II. — Il est facile de vérifier les calculs du tableau qui se trouve dans le texte : pour cela il suffit de remarquer que les nombres du second partage sont le tiers de ceux du premier ; ceux du troisième, le tiers de ceux du second, et ainsi de suite.

Le premier partage indiquait déjà que la part de l'enfant légitime était quintuple de celle d'un enfant naturel, le même rapport se trouve dans chacun des partages successifs ; il doit donc subsister dans le total.

Ce résultat doit être généralisé ; car on pourrait craindre que l'exactitude de l'opération ne tînt à quelque circonstance particulière, provenant des nombres choisis.

Mais il faut employer des signes algébriques ; je ne le fais que bien timidement ; il peut se rencontrer des hommes sensés à qui ce langage répugne. Je dois présenter, comme une excuse, que je n'emploie que des notions bien simples : en aucun temps on n'a pu être reçu bachelier ès-lettres sans répondre sur des questions plus difficiles.

Quoique je ne traite en ce moment que l'hypothèse d'un seul enfant légitime, je ferai la démonstration d'une manière générale. Le nombre des enfants légitimes sera exprimé par l et celui des enfants naturels par n.

Je suppose la succession égale à l'unité ; ainsi les calculs ne doivent donner que des fractions.

On fait un premier partage par tête ; les enfants légitimes gardent toute leur part ; les enfants naturels n'en prennent que le tiers.

Les enfants légitimes ont donc $\dfrac{l}{l+n}$

Les enfants naturels $\dfrac{n}{3(l+n)}$

Il reste $\dfrac{2n}{3(l+n)}$; il faut retrancher la n^e partie de ce reste pour l'attribuer aux enfants légitimes $\dfrac{2}{3(l+n)}$

Les enfants légitimes ont donc $\dfrac{3l+2}{3(l+n)}$

Le nouveau reste est $\dfrac{2(n-1)}{3(l+n)} = q$

Je procéderai en ce qui concerne cette expression comme je l'ai fait à l'égard de l'unité, et je trouverai les mêmes résultats multipliés par q ; le second reste sera donc q^2. Il n'est pas nécessaire d'aller plus loin, car on voit que l'on obtient des progressions géométriques décroissantes ; et en les supposant prolongées à l'infini, on en trouvera la somme par la formule connue :

$$S = \frac{a}{1-q}$$

a désignant le premier terme de la progression.

Pour ce qui revient aux enfants légitimes, le premier terme de la progression est $\dfrac{3l+2}{3(l+n)}$

D'un autre côté :

$$1-q=1-\frac{2(n-1)}{3(l+n)}=\frac{3(l+n)-2(n-1)}{3(l+n)}=\frac{3l+n+2}{3(l+n)}$$

On aura donc :

$$S=\frac{3l+2}{3(l+n)}:\frac{3l+n+2}{3(l+n)}=\frac{3l+2}{3l+n+2}$$

Pour les enfants naturels, le premier terme étant $\frac{n}{3(l+n)}$, on obtient :

$$S=\frac{n}{3l+n+2}$$

Comparons ces formules aux nombres que nous avons obtenus et nous verrons qu'elles les représentent.

S'il y a un enfant légitime et trois enfants naturels, le numérateur de la part de l'enfant légitime sera $3+2=5$ et le dénominateur $3+2+3=8$.

L'enfant légitime prenait $\frac{5}{8}$; et pour les trois enfants naturels, il reste $\frac{3}{8}$.

NOTE I. — *Troisième démonstration du système
de répartition.*

Voici comment je démontre ce que j'avance :

J'emploie les mêmes signes que dans la note précédente ; j'exprime en outre la part d'un enfant naturel par x.

Tous les enfants naturels, moins un, prendront la quantité $(n-1)\,x$.

Le reste de la succession qui doit être partagé entre les enfants légitimes et un enfant naturel sera donc : $1-(n-1)\,x$.

Pour trouver ce qu'aurait l'enfant naturel s'il était légitime ; il faut diviser cette expression par $l+1$; il suffit ensuite de la diviser de nouveau par 3, pour obtenir ce qu'il doit avoir comme enfant naturel. On a donc :

$$x = \frac{1-(n-1)x}{3l+3}$$

D'où : $(3l+3)x = 1-(n-1)x$.

Et : $x = \dfrac{1}{3l+3+(n-1)} = \dfrac{1}{3l+n+2}$

n enfants naturels prendront : $\dfrac{n}{3l+n+2}$

Il restera aux enfants légitimes : $\dfrac{3l+2}{3l+n+2}$

Ces formules sont celles que j'ai déjà trouvées par deux voies différentes.

Duranton (t. VI, p. 278) présente un système qui s'appuie sur l'idée d'où je tire cette troisième démonstration.

Il est arrêté par la difficulté de trouver des parts provisoires pour les enfants naturels qui doivent être momentanément écartés du partage. Leur donner provisoirement les parts définitives ne paraît pas possible. Duranton emprunte donc les parts au système *même* le moins favorable aux enfants naturels.

Une succession de 72,000 fr. doit être partagée entre un enfant légitime et cinq enfants naturels. Un seul de ces cinq enfants naturels est supposé légitime ; mais il faut déduire de l'actif ce que prendront les quatre autres enfants naturels auxquels on laisse cette qualité.

Duranton emploie pour cela le système qui divise d'abord la succession en autant de parts qu'il y a d'enfants, et qui n'accorde à chaque enfant naturel qu'un tiers d'une de ces parts.

Dans l'espèce, s'il y avait six enfants légitimes, chacun d'eux aurait 12,000 fr., ceux qui sont naturels ne doivent retenir que le tiers de cette somme, 4,000 fr. ; quatre prendront 16,000 fr. ; il restera 56,000 fr. sur lesquels la part de l'enfant naturel qui est supposé légitime serait de 28,000 fr. ; il en prendra le tiers, c'est-à-dire 9,333 fr. 33 c.

Les parts provisoires sont de 4,000 fr. et les parts définitives de 9,333 fr. 33 c. Ce système serait très-favorable aux enfants naturels, parce que l'on prend des parts provisoires trop faibles ; l'actif à partager, entre l'enfant légitime et un seul enfant naturel, reste trop fort.

Les cinq enfants naturels prendraient 46,666 fr. 67, il resterait 25,333 fr. 33 c. pour l'enfant légitime.

Le système que je propose ferait des dixièmes : chaque enfant naturel aurait 7,200 fr., il resterait 36,000 fr. à l'enfant légitime.

M. Beautemps-Beaupré, dans son traité *De la portion de biens disponibles*, vol. I, approuve le système que j'ai présenté pour partager la succession entre des enfants légitimes et des enfants naturels; dans la note de la page 205, il dit avoir vérifié mes calculs et en avoir reconnu l'exactitude; il qualifie même d'admirable le résultat que l'on obtient. L'opinion de M. Beautemps-Beaupré m'est très-précieuse ; car son nom, illustré par l'hydrographie, indique qu'il appartient, lui aussi, à une famille où la science des nombres est en honneur. Mais, quant à la réserve, M. Beautemps-Beaupré rejette la première solution, que j'ai discutée, celle à laquelle je tiens le plus. J'insiste cependant sur les questions qui touchent à la réserve plus encore que sur celles qui ont rapport au partage de la succession entière. J'ai disposé ce nouveau travail de manière à présenter en première ligne mon opinion relative à la réserve; car si jamais mes idées parviennent à entrer dans la pratique, ce sera sur ce point.

Je considère comme fort rares les cas où plusieurs enfants naturels sont appelés à recueillir une succession, tandis que l'hypothèse soumise à la Cour de cassation en 1809 se représentera. Un enfant légitime et un enfant naturel peuvent avoir à discuter ensemble une question de réserve.

Note **J.** — *Réfutation de l'opinion de M. Demolombe sur le système de répartition.*

M. Demolombe, *Traité des successions*, vol. II. p. 90, me reproche d'avoir trop de dédain pour la pratique.

Je parle de la pratique, parce que je la connais bien ; j'ai été praticien ; j'ai entendu mes camarades traiter et résoudre lestement des questions de droit. Je retrouve leur manière dans la solution que je combats ; pour l'obtenir, il faut peu de réflexion, et pour la défendre, on se borne à dire : Voilà une question résolue et promptement résolue ; vous faites une objection ; mais à quelle proposition n'en peut-on pas faire ?

Plus tard, je suis devenu magistrat, et j'ai pu apprécier combien il y a de différence entre la pratique et la jurisprudence.

Dalloz cite un arrêt de la Cour de Paris du 19 mai 1829 comme ayant consacré le système dit de la jurisprudence ; mais il avoue que ce point ne paraît pas avoir fait difficulté (Dalloz, 1831, I, p. 217.) L'autorité de la Cour n'est donc pour rien dans cette décision.

Dans l'espèce, deux enfants naturels en concours avec un enfant légitime étaient réduits à leur réserve. On leur a accordé à chacun un douzième. C'est précisément ce qui leur revient suivant moi. Je ne puis appuyer mon opinion de cette autorité ; on arrivait à cette solution en disant : un enfant naturel aurait un neuvième, deux

doivent avoir chacun un douzième. Je propose de dire :
un enfant naturel aurait un onzième ; deux prendront
chacun un douzième.

M. Demolombe, pages 98 et 99 même volume, donne
trois considérations pour réfuter le système que je présente.

1° J'ai déjà répondu à la première, qui fait remarquer
que, si les enfants naturels étaient en grand nombre,
ils prendraient plus de la moitié de la succession, tandis
qu'ils ne peuvent avoir qu'une moitié s'ils sont en concurrence avec des frères et sœurs ou des ascendants.

Est-il raisonnable de violer formellement la loi, de ne
point attribuer à deux ou trois enfants naturels le tiers
de ce qu'ils auraient eu s'ils eussent été légitimes, parce,
dans le cas improbable où l'on trouverait six enfants
naturels, ces six enfants obtiendraient six onzièmes.

2° M. Demolombe me conseille de soutenir que l'article 757 n'a également prévu que l'hypothèse d'un seul
enfant naturel dans les deux dernières combinaisons, où
il lui accorde la moitié contre les ascendants ou frères et
sœurs, et les trois quarts contre les autres collatéraux ;
j'aurais dû dire qu'un nouvel enfant naturel devrait
aussi, dans ce cas, venir prendre sa part proportionnellement sur celle de l'enfant naturel et sur celle des héritiers, etc...

Je me garderai bien de suivre ce conseil, qui condui-
rait bientôt à des conséquences impossibles. Les héritiers auraient non une succession, mais seulement une
bagatelle, un souvenir.

Si je dis en premier lieu : le texte de l'article 757 est
écrit en prévision seulement d'un enfant naturel, c'est

que je trouve par là un moyen simple et clair d'exposer la solution que je propose. Quant à des démonstrations rigoureuses, j'en trouve non pas une, mais deux en appliquant l'article 757 comme comprenant l'hypothèse de plusieurs enfants naturels. Ainsi, pour en finir avec ce système de répartition, il ne suffit pas de dire : Voilà une démonstration qui ne me plaît pas, que je peux réfuter par une réduction à l'absurde en l'étendant à une hypothèse différente. Il faut les discuter toutes trois. J'ai eu soin de les présenter sur des chiffres. On peut prendre d'autres nombres, et, *si l'on ne commet point d'erreur de calcul,* on arrivera toujours au même résultat. J'aime bien mieux donner de la généralité et de l'évidence à ces démonstrations, en employant tant soit peu d'algèbre.

3° Voici, textuellement, la troisième observation :

« On se récrie contre l'inconséquence et l'injustice des autres systèmes, et particulièrement du *système de la pratique,* qui font varier le rapport entre la part de l'enfant naturel et la part de l'enfant légitime, à mesure que le nombre des enfants naturels augmente. Mais est-ce donc que ce rapport ne varie pas aussi à mesure qu'augmente le nombre des enfants légitimes? *C'est une inconséquence de la loi !* (Gros n° 23.) A la bonne heure ; mais nous croyons que la loi a consacré la double inconséquence, et que, d'après elle, le rapport entre la part de l'enfant naturel et la part de l'enfant légitime est variable, en effet, par deux causes, soit par l'augmentation du nombre des enfants légitimes, soit par l'augmentation du nombre des enfants naturels.

Pour répondre à cette observation, il suffit de jeter les yeux sur le troisième des tableaux qui suivent.

La première ligne horizontale indique des nombres qui résultent de l'art. 757 ; c'est 5 ; 4 ; 3,67 ; 3,5 ; 3,4 ; 3,33... En partant de 5, on n'arriverait jamais à 3. Cette variation nuisible aux enfants légitimes est contenue dans d'étroites limites.

Dans la première ligne verticale, les nombres marqués par P indiquent les rapports donnés par le système de la pratique ; c'est 5 ; 7 ; 9 ; 11 ; 13 ; 15 ; 17.....

Dans la seconde ligne verticale, nous avons 4 ; 5 ; 6 ; 7 ; 8 ; 9 ; 10..... et tout cela sans limites.

Dans la première ligne horizontale le rapport diminue à mesure qu'augmente le nombre des enfants légitimes, comme si le législateur voulait ménager le droit de l'enfant naturel.

Dans les lignes verticales, au contraire, le rapport augmente à mesure qu'augmente le nombre des enfants naturels, comme si le droit de ces derniers devait être, de parti pris, presque annulé par le système de la pratique.

Il faut une foi robuste, pour croire que telles sont les vues du législateur.

M. Demolombe, dit ensuite qu'aucun des systèmes autres que celui de la pratique, ne ressort, à première vue, naturellement, du texte de notre article 757 ; « Delvincourt a donc pu dire un peu familièrement peut-être, mais très-justement *qu'il a fallu se creuser la tête* pour les découvrir ! « la vérité est qu'ils exigent quoiqu'à des degrés différents une très-sérieuse contention d'esprit pour en saisir l'enchaînement et les applications. »

Je prétends au contraire que le système que je propose est plus simple que celui de la pratique ; qu'il n'a point été présenté par les premiers interprètes du Code, parce que ces auteurs étaient préoccupés de l'idée de prélèvement de la part de l'enfant naturel.

Un professeur peut-il dire que l'étude du droit n'exigera jamais aucune contention d'esprit ?

Pour être dans le vrai, il faut reconnaître que Delvincourt, parlait du système de M. Cournot, que je vais examiner, quand il disait qu'il fallait se creuser la tête pour l'imaginer.

La simplicité de la solution que je propose n'est point son plus grand mérite ; selon moi elle se recommande parce qu'elle se conforme aux textes, qu'elle concilie exactement tous les intérêts, et qu'elle ne se base sur aucune supposition arbitraire.

Pour la combattre, il faut dire : la chose est réglée ; la solution ancienne est trouvée bonne ; tous les auteurs se la passent de main en main comme une pièce de monnaie. — Mais votre pièce de monnaie est fausse. — Qu'importe ? puisque tout le monde l'accepte. Votre théorie est peut-être jolie ; mais elle ne sera jamais de de mode, car elle vient de province et surtout d'une ville plus célèbre par le commerce de la soie que par l'étude du droit. — Lyon et ses environs ont produit des mathématiciens ; j'ai l'orgueil de rêver que j'aurais pu en être un. Livré à l'étude du droit, je m'attache aux questions qui tiennent au calcul.

NOTE K. — *Sur le résultat du système de la pratique.*

Il est facile de prouver que le système de la pratique ne donnera jamais un tiers de la succession aux enfants naturels, quelque nombreux que l'on puisse les supposer.

Le nombre des parts serait de :

$$3l + 3n.$$

Les enfants naturels ne prennent que n parts.

Il reste pour les enfants légitimes :

$$3l + 2n.$$

Cette quantité sera toujours plus grande que le double de n.

Avec quatorze enfants naturels et un enfant légitime, on fait 45 parts ; 14 pour les enfants naturels et 31 pour l'enfant légitime.

Note L. — *sur le système de M. Cournot.*

Le système de M. Cournot fournit aux mathématiciens l'occasion de présenter des calculs dignes d'attention.

Prouhet, dans les nouvelles annales de MM. Gerono et Terquem, vol IV, page 253, a donné une formule assez simple pour calculer la part d'un enfant naturel dans toutes les hypothèses possibles ; je ne crois pas qu'il soit utile de la rapporter.

Je m'attacherai plutôt à examiner une brochure intitulée ; *L'article 757. — Application de l'algèbre au code civil par Eugène Catalan,* Paris, *Dentu,* 1862.

J'y trouve ce passage :

« Rogron dit, en expliquant l'art 757; *les auteurs ne sont pas d'accord sur la manière de calculer les droits des enfants naturels, en concours avec des enfants légitimes.* Il aurait pu ajouter que, faute de savoir appliquer la loi, les tribunaux en torturent le texte et y trouvent ce qui n'y est pas. Cela est tout simple : la question que l'on doit résoudre, si l'on veut se conformer aux prescriptions de l'article 757, rentre dans le domaine de l'algèbre ou de l'arithmétique, et, en général, Messieurs les juges dédaignent beaucoup ces *petites sciences.* »

Le mot : *en général* me permet de croire que je puis ne pas être un de ces juges dédaigneux.

L'algèbre est une bonne chose ; mais, comme de toutes les bonnes choses, il faut en user avec modération. Après avoir bien examiné les trois formules de M. Cournot, de Prouhet et de M. Catalan, je ne crois pas que l'on puisse en faire utilement usage.

Les formules de M. Cournot et de M. Catalan donnent la part d'un enfant légitime. Celle de M. Catalan a l'avantage d'être composée de termes tous positifs : tandis que celle de M. Cournot présente des termes alternativement positifs et négatifs. Il en est de même de celle de Prouhet qui donne la part d'un enfant naturel.

Dans toutes ces formules le nombre des termes est au moins égal à n ; Si donc on suppose assez grand le nombre des enfants naturels, ce sera une opération pénible que d'appliquer ces formules à des nombres. M. Catalan en convient.

J'ai fait beaucoup de calculs sur le système de M. Cournot et je n'ai jamais employé d'autre formule que celle-ci :

$$\frac{b-na}{3lb}$$

Elle donne la part d'un enfant naturel pour l'hypothèse : $l-1$, $n+1$ en prenant $\frac{a}{b}$ comme la part d'un enfant naturel dans le cas où l'on a l et n.

Le tableau suivant applique le système de M. Cournot et indique la part d'un enfant naturel, dans tous les cas où il y a neuf enfants au plus. Il n'est pas nécessaire d'expliquer comment ce tableau peut être employé ; personne n'a oublié la table de Pythagore.

ENFANTS LÉGITIMES

ENFANTS NATURELS.

	1	2	3	4	5	6	7	8
1	$\frac{1}{6}$	$\frac{1}{9}$	$\frac{1}{12}$	$\frac{1}{15}$	$\frac{1}{18}$	$\frac{1}{21}$	$\frac{1}{24}$	$\frac{1}{27}$
2	$\frac{4}{27}$	$\frac{11}{108}$	$\frac{7}{90}$	$\frac{17}{270}$	$\frac{10}{189}$	$\frac{28}{504}$	$\frac{13}{324}$	
3	$\frac{43}{324}$	$\frac{38}{405}$	$\frac{59}{810}$	$\frac{169}{2835}$	$\frac{229}{4536}$	$\frac{149}{3402}$		
4	$\frac{97}{810}$	$\frac{211}{2430}$	$\frac{194}{2835}$	$\frac{1283}{22680}$	$\frac{985}{20412}$			
5	$\frac{793}{7290}$	$\frac{2059}{25515}$	$\frac{4387}{68040}$	$\frac{4118}{76545}$				
6	$\frac{1522}{15309}$	$\frac{9221}{122472}$	$\frac{11191}{183708}$					
7	$\frac{11191}{122472}$	$\frac{19427}{275562}$						
8	$\frac{19939}{236169}$							

S'il y avait trois enfants légitimes et quatre enfants naturels, $\frac{194}{2835}$ serait la part d'un enfant naturel ; les quatre prendraient 776 parts ; il resterait pour les trois enfants légitimes 2059 parts et pour chacun $\frac{2059}{8505}$.

Les nombres du tableau précédent sont tellement considérables qu'il est difficile de s'en faire une idée exacte. Pour rendre plus sensible le partage que l'on ferait par ce procédé, j'indique dans le tableau suivant le montant de la part d'un enfant naturel dans une succession de 100,000 fr. Je donne aussi le chiffre de la part d'un enfant naturel d'après le système de répartition. Le premier nombre est celui qui est déterminé par le système de M. Cournot ; le second celui qui résulte du système de répartition ; le troisième est la différence des deux premiers.

ENFANTS LÉGITIMES.

	1	2	3	4	5	6	7	8
1	16667 16667 0	11111 11111 0	8333 8333 0	6667 6667 0	5556 5556 0	4762 4762 0	4167 4167 0	3704 3704 0
2	14815 14286 529	10185 10000 185	7778 7692 86	6296 6250 46	5291 5263 28	4563 4545 18	4012 4000 12	
3	13272 12500 772	9382 9091 291	7284 7143 141	5961 5882 79	5048 5000 48	4380 4348 32		
4	11974 11111 863	8683 8333 350	6843 6667 176	5657 5556 101	4826 4762 64			
5	10878 10000 878	8070 7692 478	6598 6250 348	5380 5263 117				
6	9941 9091 850	7529 7143 386	6092 5882 210					
7	9138 8333 805	7050 6667 283						
8	8442 7692 750							

(Colonne verticale à gauche : **ENFANTS NATURELS**.)

Je présente dans un troisième tableau les rapports entre la part d'un enfant légitime et celle d'un enfant naturel :

1° Suivant le système de la pratique ;
2° Suivant le système de répartition ;
3° Suivant le système de M. Cournot.

Le premier système a une marche rapide et très-nuisible à l'enfant naturel ; les deux derniers s'éloignent l'un de l'autre lentement, à mesure que croît le nombre des enfants légitimes ou naturels.

Le système de répartition conserve exactement le rapport qui résulte de l'article 757. Ce rapport est variable avec le nombre des enfants légitimes ; c'est une inconséquence de la loi ; or, on outrerait cette inconséquence si de plus on faisait augmenter ou diminuer le rapport d'après le nombre des enfants naturels ; et l'on s'exposerait à tomber dans l'arbitraire, puisque la loi n'a pas donné des indications pour cette seconde graduation.

ENFANTS LÉGITIMES.

ENFANTS NATURELS	1	2	3	4	5	6	7	8
1	P. 5 R. 5 C. 5	P. 4 R. 4 C. 4	P. 3,667 R. 3,667 C. 3,667	P. 3,5 R. 3,5 C. 3,5	P. 3,4 R. 3,4 C. 3,4	P. 3,333 R. 3,333 C. 3,333	P. 3,2857 R. 3,2857 C. 3,2857	P. 3,25 R. 3,25 C. 3,25
2	P. 7 R. 5 C. 4,75	P. 5 R. 4 C. 3,901	P. 4,333 R. 3,667 C. 3,619	P. 4 R. 3,5 C. 3,471	P. 3,8 R. 3,4 C. 3,38	P. 3,667 R. 3,333 C. 3,319	P. 3,5714 R. 3,2857 C. 3,275	
3	P. 9 R. 5 C. 4,535	P. 6 R. 4 C. 3,829	P. 5 R. 3,667 C. 3,576	P. 4,5 R. 3,5 C. 3,444	P. 4,2 R. 3,4 C. 3,362	P. 4 R. 3,333 C. 3,305		
4	P. 11 R. 5 C. 4,351	P. 7 R. 4 C. 3,758	P. 5,667 R. 3,667 C. 3,538	P. 5 R. 3,5 C. 3,419	P. 4,6 R. 3,4 C. 3,345			
5	P. 13 R. 5 C. 4,198	P. 8 R. 4 C. 3,696	P. 6,333 R. 3,667 C. 3,503	P. 5,5 R. 3,5 C. 3,397				
6	P. 15 R. 5 C. 4,059	P. 9 R. 4 C. 3,641	P. 7 R. 3,667 C. 3,472					
7	P. 17 R. 5 C. 3,943	P. 10 R. 4 C. 3,592						
8	P. 19 R. 5 C. 3,846							

Dans chaque case, le premier nombre précédé de p, indique le rapport résultant du système de la pratique ; le second, précédé de r, donne le rapport du système de répartition ; et le troisième précédé d'un c, représente le rapport du système de M. Cournot.

Marcadé a cité la dissertation insérée dans la *Revue de droit français et étranger* (année 1844). Mais il n'a pas fait une appréciation exacte de mon travail ; il confond le système que j'ai présenté avec celui de M. Cournot, et il dit que j'ai indiqué un moyen algébrique et très-simple de déterminer la part de l'enfant naturel.

Le système que j'ai développé est différent de celui de M. Cournot, quant aux raisonnements qui y conduisent, comme quant aux résultats.

Le moyen que j'ai indiqué pour déterminer la part de l'enfant naturel est indépendant de l'algèbre ; il est plus simple que tout autre procédé imaginé dans le même but ; il est plus simple même que le calcul adopté dans la pratique.

Marcadé a pris un exemple pour appliquer le système de M. Cournot : 72,000 fr. à partager entre un enfant légitime et cinq enfants naturels : il trouve pour la part d'un enfant naturel 7,892 fr. 71. Certainement il s'est glissé une erreur dans la suite de ses opérations ; car en employant la fraction $\frac{793}{7290}$ on a pour résultat 7832.10.

Delvincourt et après lui Marcadé cherchent à réfuter le système de M. Cournot, en appliquant le même raisonnement à l'hypothèse qui met en concours des enfants naturels avec des parents qui ne sont ni enfants légitimes, ni ascendants, ni frères et sœurs. Marcadé trouve que sur une succession de 24,000 fr., il en faudrait 30,000, plus que le tout, à deux enfants naturels, et le cousin (héritier) aurait.... 6,000 à leur payer de sa poche !

M. Catalan, dans la brochure déjà citée, fait le même raisonnement dans l'hypothèse où il y a plusieurs enfants naturels en concours, 1° avec des ascendants ; 2° avec des collatéraux non privilégiés ; et il arrive à donner aux enfants naturels plus que la succession entière. Puis il ajoute : « En vertu de la maxime : *la lettre tue et l'esprit vivifie,* on prétendra peut-être que, pour appliquer sainement l'article 757, les magistrats doivent s'inspirer, non de ce qu'ont dit les auteurs du code, mais de ce qu'ils ont voulu dire. Ce système d'accommodements est fort bien imaginé sans doute, mais il pourrait mener loin ; et d'ailleurs est-il démontré que ces honnêtes législateurs, dont on cherche aujourd'hui à deviner les intentions, avaient plus de justesse dans les idées que dans le langage ? »

« Ce que l'on conçoit bien s'énonce clairement. »

M. Catalan a pu négliger l'art. 4 du Code civil ; mais Delvincourt et Marcadé devaient bien le connaître ; une réduction à l'absurde ne peut pas tranquiliser la conscience des juges qui doivent prononcer ou se voir poursuivis pour déni de justice.

Il est bien facile de répondre à Delvincourt et à Marcadé, que l'absurdité qu'ils trouvent dans l'interprétation de la loi, c'est eux qui l'introduisent, en appliquant une disposition à une hypothèse pour laquelle elle n'est pas faite.

Quand les enfants naturels viennent à la succession avec des enfants légitimes, on peut supposer que quelques-uns des enfants naturels ont la qualité de légitime, sans pour cela qu'aucune classe de parents soit écartée : au lieu de trois enfants naturels et d'un enfant légitime, on peut supposer trois enfants légitimes et un enfant naturel ; ceux qui sont appelés à la succession figurent tous dans les partages successifs.

Au contraire, quand les enfants naturels viennent avec des collatéraux, il n'est pas possible de supposer que quelques-uns d'eux aient la qualité de légitimes, sans qu'immédiatement on écarte du calcul les collaté-raux ; en sorte que, dans le règlement provisoire on fait disparaître une classe de successibles ; ceux-ci ne figurant plus dans le calcul, les parts sont plus grandes qu'elles ne devraient l'être, et l'absurdité n'est plus imputable au système de M. Cournot.

NOTE **M**. — *Sur l'opinion qui exclut de la succession
les frères et sœurs en présence des père et mère et d'un
enfant naturel.*

Je présente avec hésitation mon opinion sur cette
question ; car je ne voudrais point compromettre le sort
de propositions plus évidentes en soutenant de ce côté
une erreur.

Je passe en revue toutes les décisions qui ont eu pour
principe le prélèvement de la part de l'enfant naturel.
Ici j'en trouve une qui n'a pas d'autre idée théorique ;
je ne puis donc l'accepter ; mais avant de proposer une
répartition, il faut s'assurer que les droits qui seraient
soumis à réduction sont juridiquement de même valeur.

Dans une distribution par contribution, on met à part
les créanciers privilégiés ; et, s'ils absorbent tout, il ne
reste rien pour ceux qui les suivent. De même, dans
notre hypothèse, il faut reconnaître que le père et la
mère ont une réserve, que cette réserve est de la totalité
de ce qui leur revient ; les frères et sœurs, au contraire,
ont un droit qui ne peut avoir force qu'après que les
père et mère ont pris chacun un quart de la succession.
D'autre part, l'enfant naturel invoque l'article 757, et
dit : je dois avoir une moitié des biens de mon auteur
en présence des ascendants et des frères et sœurs, pourquoi serais-je réduit à un tiers ? Il ne s'agit point là

d'une hypothèse qui ne serait pas formellement prévue par la loi, comme lorsque je réclame une réserve.

M. Blondeau avait proposé de faire, dans ce cas, une
répartition ; page 534 de son *Traité de la séparation des
patrimoines,* il dit : « Pour fixer la part du père et celles
des parents légitimes ou naturels qui concourent avec
lui, il faut remarquer que les père et mère étant appelés
chacun pour un quart, les frères et sœurs chacun pour
une moitié, il y a lieu de procéder comme on le fait lorsqu'un testateur a excédé l'*as*; le résultat de cette opération est que les père et mère ont chacun un sixième,
les frères et sœurs un tiers, et l'enfant naturel un
tiers. »

Note N. — *Sur les raisons morales qui feraient préférer la réserve de l'enfant naturel à celle des ascendants.*

M. Rodière, dans une note déjà citée (*Journal du Palais*, 1856, T. II, p. 128) veut justifier par des raisons morales la préférence accordée à la réserve de l'enfant naturel sur celle des ascendants ; voici comment il s'exprime :

« Le droit de l'ascendant est un droit sacré, nous l'accordons ; mais le droit de l'enfant naturel, nous ne craignons pas de le dire, est pourtant préférable. Ce n'est pas seulement parce que le cœur humain est ordinairement ainsi fait, qu'on préfère les êtres à qui l'on a donné la vie à ceux de qui on la tient, c'est aussi parce que, d'ordinaire, l'enfant doit tout attendre de ses parents, tandis que l'ascendant peut, en général, se passer des biens que laissent ses descendants. Egaler donc la réserve de l'ascendant à celle de l'enfant naturel, c'est méconnaître la nature des choses. »

Ces deux raisons morales ne sont point démonstratives.

L'affection que l'on a pour l'enfant né hors mariage est un sentiment que la loi ne favorise pas ; elle le réprime lorsqu'il se traduit en avantages pécuniaires au-delà de certaines limites : convient-il d'employer ce motif pour étendre, par voie d'interprétation, les droits des enfants naturels ?

La seconde raison morale est encore moins forte : on ne saurait admettre que la position, fortunée ou non, dans laquelle un ayant droit se trouve d'ordinaire, doive servir d'élément pour fixer ce qui lui revient dans une succession. En généralisant un peu cette raison morale, on arriverait à troubler singulièrement l'ordre moral.

M. Delvincourt et les auteurs antérieurs posaient comme un principe très-moral la règle *in dubio contra liberos naturales*. Les raisons morales invoquées par M. Rodière peuvent se traduire par la proposition diamétralement contraire.

Bien loin de placer l'enfant naturel au-dessus des ascendants, ne pourrait-on pas dire : Celui dont le droit est le plus contestable doit céder ? Ce serait alors l'enfant naturel qui souffrirait le plus du concours avec d'autres réservataires ; car la question de savoir s'il a une réserve a été discutée, et peut l'être encore, tandis que le droit des ascendants est hors de toute contestation. Avec un peu d'attention, on reconnaît que cette solution ne serait pas raisonnable : peu importe que le droit puisse être contesté ; si l'on reconnaît qu'on doit l'induire de diverses dispositions, si, en un mot, on admet qu'il existe, on ne peut pas ensuite le sacrifier sans motifs. Ce droit est aussi respectable que ceux que la loi consacre formellement, mais non plus.

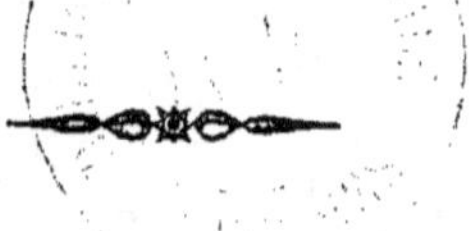